Here are the other books in the Green Fingered Gardener™ series.

Thank you for purchasing my book

'Houseplants 102'

If you enjoy using this and find it helpful perhaps you could leave me a star rating and review on the website where you purchased it. Positive reviews really help me produce more books that help people just like you enjoy the wonders of all things that grow.

Thank you

Peter Shepperd

"Plants are not just a part of the scenery, they are the scene itself."

David Attenborough

Green Fingered Gardener™

find us at www.petershepperd.com

This Plant Journal belongs to

Hello fellow plant lover.

Here are some easy tips for you to get the most out of this journal.

First, log all of your plants on the Plant Inventory and Location List page. Keeping track of the location is very helpful especially if you have lots of plants in a big house for example.
Each entry should be numbered so that you can easily connect them to the Individual Plant Log pages which you can also number for easy reference.

The Plant Log page is for you to complete as you see fit, everything that you need is there to prompt you. You can even leave notes, fill out the To-Do list and add a picture or make a sketch.

The Seasonal Watering Schedule is divided into 4 seasons with 3 months in each with 31 days for each month. Seasons will be different depending on where you live in the world but this is a very helpful way for you to mark each day that you plan to water, re-pot or feed. It can be quite overwhelming remembering these things and this has proven to be a great resource.

The Monthly Care Plan is designed to be cut out and placed somewhere where it can be easily seen and referred to. Like the Seasonal Watering Schedule, this is a really helpful resource that can be quickly referred to when watering, re-potting or feeding your plants. The difference is that you can log up to 30 plants and their monthly requirements without having to refer to each Plant log page. There are 12 cut-out Monthly Care Plans so you are set for the whole year.

I have found that the content of these pages is all that I have ever needed when growing my green home heaven. Over the years I have spoken with thousands of plant lovers and condensed all the feedback and knowledge from them into these pages for you too. This Journal has been designed with you in mind. I wish you love and success on your pant journey.

Peter Shepperd

PLANT INVENTORY & LOCATION

#	PLANT NAME	LOCATION

PLANT INVENTORY & LOCATION

#	PLANT NAME

LOCATION

PLANT INVENTORY & LOCATION

#	PLANT NAME	LOCATION

PLANT INVENTORY & LOCATION

#	PLANT NAME	LOCATION

PLANT LOG

PLANT NAME			IMAGE		
BOTANICAL NAME					
TYPE					
PURCHASED AT					
PRICE					
GERMINATED DATE					
PLANTED DATE					
LOCATION PLANTED					
TOXICITY	PET SAFE	HUMAN SAFE			
STARTED FROM	SEED	PLANT			
TEMPERATURE	MIN	MAX			
WATER REQUIREMENTS					
HUMIDITY					
SUNLIGHT					
PLANTING INSTRUCTIONS					
CARE INSTRUCTIONS					
FERTILISER / SOIL / AMENDMENT / HERBICIDE					
TRANSPLANT / PROPAGATE / DIVIDE					
PESTS / PROBLEMS					
SEASONAL CHANGES					
COMMON ISSUES					

SEASONAL WATERING SCHEDULE

SPRING																														
1	2	3	4	5	6	7	8	9	10	11	12	13	14	15	16	17	18	19	20	21	22	23	24	25	26	27	28	29	30	31
1	2	3	4	5	6	7	8	9	10	11	12	13	14	15	16	17	18	19	20	21	22	23	24	25	26	27	28	29	30	31
1	2	3	4	5	6	7	8	9	10	11	12	13	14	15	16	17	18	19	20	21	22	23	24	25	26	27	28	29	30	31

SUMMER																														
1	2	3	4	5	6	7	8	9	10	11	12	13	14	15	16	17	18	19	20	21	22	23	24	25	26	27	28	29	30	31
1	2	3	4	5	6	7	8	9	10	11	12	13	14	15	16	17	18	19	20	21	22	23	24	25	26	27	28	29	30	31
1	2	3	4	5	6	7	8	9	10	11	12	13	14	15	16	17	18	19	20	21	22	23	24	25	26	27	28	29	30	31

AUTUMN																														
1	2	3	4	5	6	7	8	9	10	11	12	13	14	15	16	17	18	19	20	21	22	23	24	25	26	27	28	29	30	31
1	2	3	4	5	6	7	8	9	10	11	12	13	14	15	16	17	18	19	20	21	22	23	24	25	26	27	28	29	30	31
1	2	3	4	5	6	7	8	9	10	11	12	13	14	15	16	17	18	19	20	21	22	23	24	25	26	27	28	29	30	31

WINTER																														
1	2	3	4	5	6	7	8	9	10	11	12	13	14	15	16	17	18	19	20	21	22	23	24	25	26	27	28	29	30	31
1	2	3	4	5	6	7	8	9	10	11	12	13	14	15	16	17	18	19	20	21	22	23	24	25	26	27	28	29	30	31
1	2	3	4	5	6	7	8	9	10	11	12	13	14	15	16	17	18	19	20	21	22	23	24	25	26	27	28	29	30	31

TO DO LIST

NOTES

PLANT LOG

PLANT NAME			IMAGE		
BOTANICAL NAME					
TYPE					
PURCHASED AT					
PRICE					
GERMINATED DATE					
PLANTED DATE					
LOCATION PLANTED					
TOXICITY	PET SAFE	HUMAN SAFE			
STARTED FROM	SEED	PLANT			
TEMPERATURE	MIN	MAX			
WATER REQUIREMENTS					
HUMIDITY					
SUNLIGHT					
PLANTING INSTRUCTIONS					
CARE INSTRUCTIONS					
FERTILISER / SOIL / AMENDMENT / HERBICIDE					
TRANSPLANT / PROPAGATE / DIVIDE					
PESTS / PROBLEMS					
SEASONAL CHANGES					
COMMON ISSUES					

SEASONAL WATERING SCHEDULE

SPRING

1	2	3	4	5	6	7	8	9	10	11	12	13	14	15	16	17	18	19	20	21	22	23	24	25	26	27	28	29	30	31
1	2	3	4	5	6	7	8	9	10	11	12	13	14	15	16	17	18	19	20	21	22	23	24	25	26	27	28	29	30	31
1	2	3	4	5	6	7	8	9	10	11	12	13	14	15	16	17	18	19	20	21	22	23	24	25	26	27	28	29	30	31

SUMMER

1	2	3	4	5	6	7	8	9	10	11	12	13	14	15	16	17	18	19	20	21	22	23	24	25	26	27	28	29	30	31
1	2	3	4	5	6	7	8	9	10	11	12	13	14	15	16	17	18	19	20	21	22	23	24	25	26	27	28	29	30	31
1	2	3	4	5	6	7	8	9	10	11	12	13	14	15	16	17	18	19	20	21	22	23	24	25	26	27	28	29	30	31

AUTUMN

1	2	3	4	5	6	7	8	9	10	11	12	13	14	15	16	17	18	19	20	21	22	23	24	25	26	27	28	29	30	31
1	2	3	4	5	6	7	8	9	10	11	12	13	14	15	16	17	18	19	20	21	22	23	24	25	26	27	28	29	30	31
1	2	3	4	5	6	7	8	9	10	11	12	13	14	15	16	17	18	19	20	21	22	23	24	25	26	27	28	29	30	31

WINTER

1	2	3	4	5	6	7	8	9	10	11	12	13	14	15	16	17	18	19	20	21	22	23	24	25	26	27	28	29	30	31
1	2	3	4	5	6	7	8	9	10	11	12	13	14	15	16	17	18	19	20	21	22	23	24	25	26	27	28	29	30	31
1	2	3	4	5	6	7	8	9	10	11	12	13	14	15	16	17	18	19	20	21	22	23	24	25	26	27	28	29	30	31

TO DO LIST

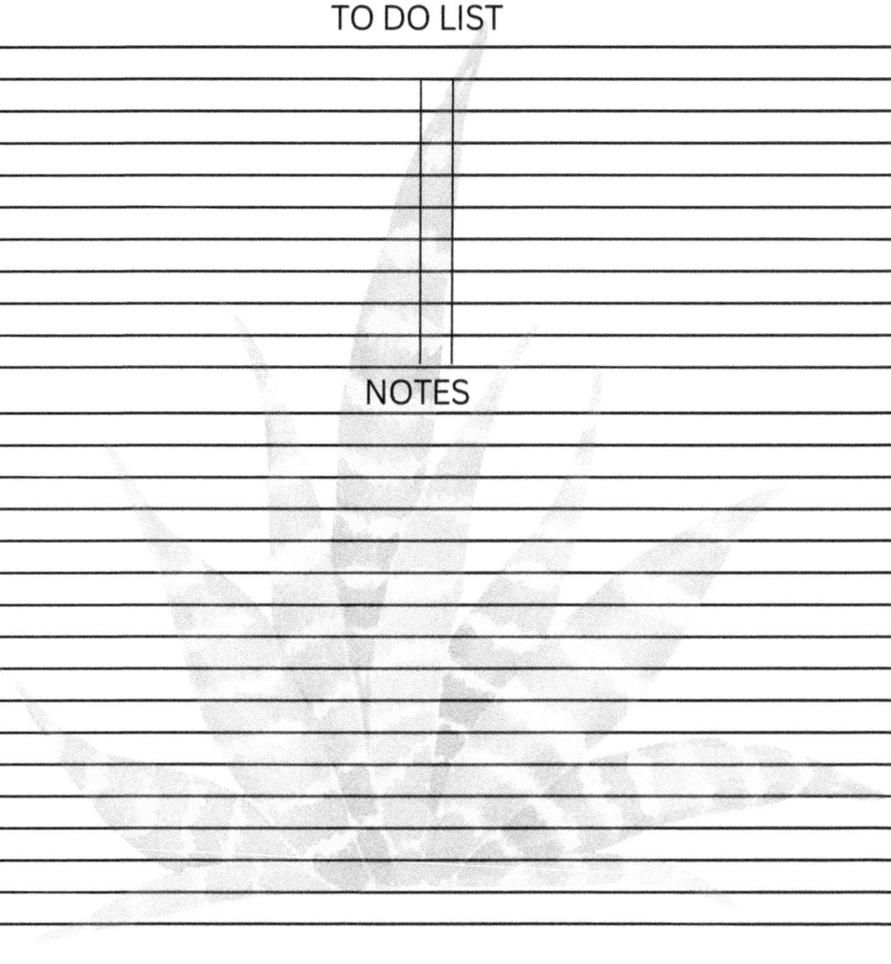

NOTES

PLANT LOG

PLANT NAME			IMAGE		
BOTANICAL NAME					
TYPE					
PURCHASED AT					
PRICE					
GERMINATED DATE					
PLANTED DATE					
LOCATION PLANTED					
TOXICITY	PET SAFE	HUMAN SAFE			
STARTED FROM	SEED	PLANT			
TEMPERATURE	MIN	MAX			
WATER REQUIREMENTS					
HUMIDITY					
SUNLIGHT					
PLANTING INSTRUCTIONS					
CARE INSTRUCTIONS					
FERTILISER / SOIL / AMENDMENT / HERBICIDE					
TRANSPLANT / PROPAGATE / DIVIDE					
PESTS / PROBLEMS					
SEASONAL CHANGES					
COMMON ISSUES					

SEASONAL WATERING SCHEDULE

SPRING																														
1	2	3	4	5	6	7	8	9	10	11	12	13	14	15	16	17	18	19	20	21	22	23	24	25	26	27	28	29	30	31
1	2	3	4	5	6	7	8	9	10	11	12	13	14	15	16	17	18	19	20	21	22	23	24	25	26	27	28	29	30	31
1	2	3	4	5	6	7	8	9	10	11	12	13	14	15	16	17	18	19	20	21	22	23	24	25	26	27	28	29	30	31

SUMMER																														
1	2	3	4	5	6	7	8	9	10	11	12	13	14	15	16	17	18	19	20	21	22	23	24	25	26	27	28	29	30	31
1	2	3	4	5	6	7	8	9	10	11	12	13	14	15	16	17	18	19	20	21	22	23	24	25	26	27	28	29	30	31
1	2	3	4	5	6	7	8	9	10	11	12	13	14	15	16	17	18	19	20	21	22	23	24	25	26	27	28	29	30	31

AUTUMN																														
1	2	3	4	5	6	7	8	9	10	11	12	13	14	15	16	17	18	19	20	21	22	23	24	25	26	27	28	29	30	31
1	2	3	4	5	6	7	8	9	10	11	12	13	14	15	16	17	18	19	20	21	22	23	24	25	26	27	28	29	30	31
1	2	3	4	5	6	7	8	9	10	11	12	13	14	15	16	17	18	19	20	21	22	23	24	25	26	27	28	29	30	31

WINTER																														
1	2	3	4	5	6	7	8	9	10	11	12	13	14	15	16	17	18	19	20	21	22	23	24	25	26	27	28	29	30	31
1	2	3	4	5	6	7	8	9	10	11	12	13	14	15	16	17	18	19	20	21	22	23	24	25	26	27	28	29	30	31
1	2	3	4	5	6	7	8	9	10	11	12	13	14	15	16	17	18	19	20	21	22	23	24	25	26	27	28	29	30	31

TO DO LIST

NOTES

PLANT LOG

PLANT NAME					
BOTANICAL NAME					
TYPE					
PURCHASED AT					
PRICE					
GERMINATED DATE			IMAGE		
PLANTED DATE					
LOCATION PLANTED					
TOXICITY	PET SAFE	HUMAN SAFE			
STARTED FROM	SEED	PLANT			
TEMPERATURE	MIN	MAX			
WATER REQUIREMENTS					
HUMIDITY					
SUNLIGHT					
PLANTING INSTRUCTIONS					
CARE INSTRUCTIONS					
FERTILISER / SOIL / AMENDMENT / HERBICIDE					
TRANSPLANT / PROPAGATE / DIVIDE					
PESTS / PROBLEMS					
SEASONAL CHANGES					
COMMON ISSUES					

SEASONAL WATERING SCHEDULE

SPRING

1	2	3	4	5	6	7	8	9	10	11	12	13	14	15	16	17	18	19	20	21	22	23	24	25	26	27	28	29	30	31
1	2	3	4	5	6	7	8	9	10	11	12	13	14	15	16	17	18	19	20	21	22	23	24	25	26	27	28	29	30	31
1	2	3	4	5	6	7	8	9	10	11	12	13	14	15	16	17	18	19	20	21	22	23	24	25	26	27	28	29	30	31

SUMMER

1	2	3	4	5	6	7	8	9	10	11	12	13	14	15	16	17	18	19	20	21	22	23	24	25	26	27	28	29	30	31
1	2	3	4	5	6	7	8	9	10	11	12	13	14	15	16	17	18	19	20	21	22	23	24	25	26	27	28	29	30	31
1	2	3	4	5	6	7	8	9	10	11	12	13	14	15	16	17	18	19	20	21	22	23	24	25	26	27	28	29	30	31

AUTUMN

1	2	3	4	5	6	7	8	9	10	11	12	13	14	15	16	17	18	19	20	21	22	23	24	25	26	27	28	29	30	31
1	2	3	4	5	6	7	8	9	10	11	12	13	14	15	16	17	18	19	20	21	22	23	24	25	26	27	28	29	30	31
1	2	3	4	5	6	7	8	9	10	11	12	13	14	15	16	17	18	19	20	21	22	23	24	25	26	27	28	29	30	31

WINTER

1	2	3	4	5	6	7	8	9	10	11	12	13	14	15	16	17	18	19	20	21	22	23	24	25	26	27	28	29	30	31
1	2	3	4	5	6	7	8	9	10	11	12	13	14	15	16	17	18	19	20	21	22	23	24	25	26	27	28	29	30	31
1	2	3	4	5	6	7	8	9	10	11	12	13	14	15	16	17	18	19	20	21	22	23	24	25	26	27	28	29	30	31

TO DO LIST

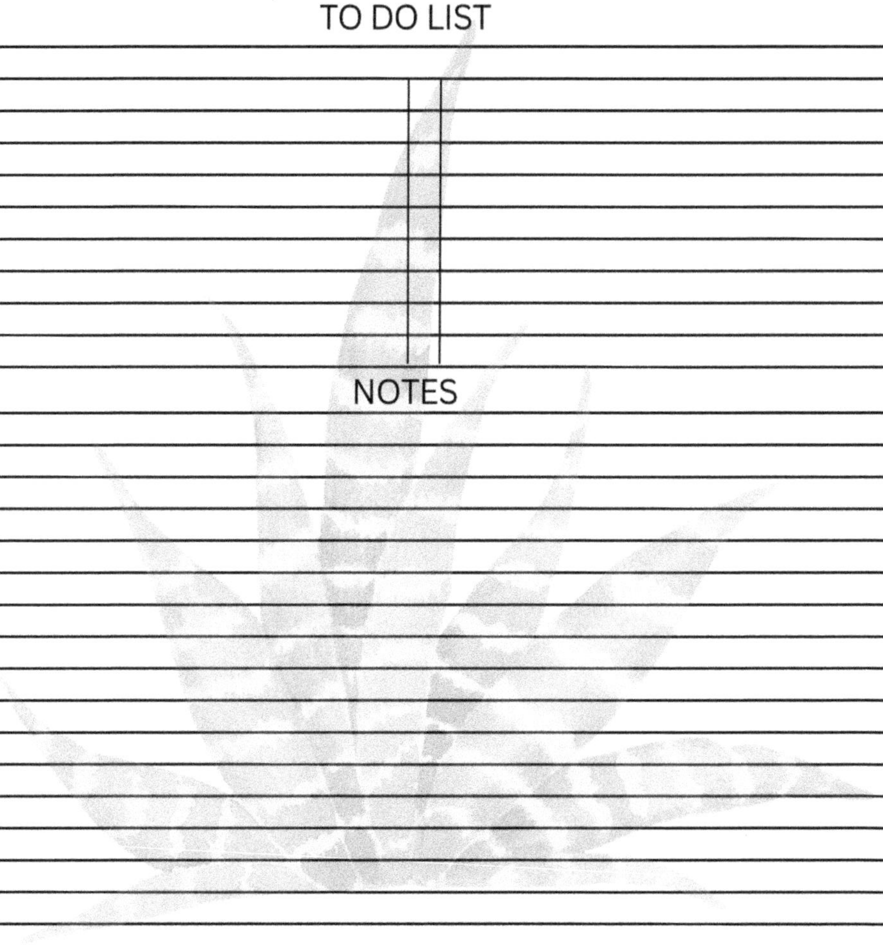

NOTES

PLANT LOG

PLANT NAME			IMAGE		
BOTANICAL NAME					
TYPE					
PURCHASED AT					
PRICE					
GERMINATED DATE					
PLANTED DATE					
LOCATION PLANTED					
TOXICITY	PET SAFE	HUMAN SAFE			
STARTED FROM	SEED	PLANT			
TEMPERATURE	MIN	MAX			
WATER REQUIREMENTS					
HUMIDITY					
SUNLIGHT					
PLANTING INSTRUCTIONS					
CARE INSTRUCTIONS					
FERTILISER / SOIL / AMENDMENT / HERBICIDE					
TRANSPLANT / PROPAGATE / DIVIDE					
PESTS / PROBLEMS					
SEASONAL CHANGES					
COMMON ISSUES					

SEASONAL WATERING SCHEDULE

SPRING																														
1	2	3	4	5	6	7	8	9	10	11	12	13	14	15	16	17	18	19	20	21	22	23	24	25	26	27	28	29	30	31
1	2	3	4	5	6	7	8	9	10	11	12	13	14	15	16	17	18	19	20	21	22	23	24	25	26	27	28	29	30	31
1	2	3	4	5	6	7	8	9	10	11	12	13	14	15	16	17	18	19	20	21	22	23	24	25	26	27	28	29	30	31

SUMMER																														
1	2	3	4	5	6	7	8	9	10	11	12	13	14	15	16	17	18	19	20	21	22	23	24	25	26	27	28	29	30	31
1	2	3	4	5	6	7	8	9	10	11	12	13	14	15	16	17	18	19	20	21	22	23	24	25	26	27	28	29	30	31
1	2	3	4	5	6	7	8	9	10	11	12	13	14	15	16	17	18	19	20	21	22	23	24	25	26	27	28	29	30	31

AUTUMN																														
1	2	3	4	5	6	7	8	9	10	11	12	13	14	15	16	17	18	19	20	21	22	23	24	25	26	27	28	29	30	31
1	2	3	4	5	6	7	8	9	10	11	12	13	14	15	16	17	18	19	20	21	22	23	24	25	26	27	28	29	30	31
1	2	3	4	5	6	7	8	9	10	11	12	13	14	15	16	17	18	19	20	21	22	23	24	25	26	27	28	29	30	31

WINTER																														
1	2	3	4	5	6	7	8	9	10	11	12	13	14	15	16	17	18	19	20	21	22	23	24	25	26	27	28	29	30	31
1	2	3	4	5	6	7	8	9	10	11	12	13	14	15	16	17	18	19	20	21	22	23	24	25	26	27	28	29	30	31
1	2	3	4	5	6	7	8	9	10	11	12	13	14	15	16	17	18	19	20	21	22	23	24	25	26	27	28	29	30	31

TO DO LIST

NOTES

PLANT LOG

PLANT NAME			IMAGE		
BOTANICAL NAME					
TYPE					
PURCHASED AT					
PRICE					
GERMINATED DATE					
PLANTED DATE					
LOCATION PLANTED					
TOXICITY	PET SAFE	HUMAN SAFE			
STARTED FROM	SEED	PLANT			
TEMPERATURE	MIN	MAX			
WATER REQUIREMENTS	💧	💧💧	💧💧💧	💧💧💧💧	💧💧💧💧💧
HUMIDITY					
SUNLIGHT	☼	☼☼	☼☼☼	☼☼☼☼	☼☼☼☼☼
PLANTING INSTRUCTIONS					
CARE INSTRUCTIONS					
FERTILISER / SOIL / AMENDMENT / HERBICIDE					
TRANSPLANT / PROPAGATE / DIVIDE					
PESTS / PROBLEMS					
SEASONAL CHANGES					
COMMON ISSUES					

SEASONAL WATERING SCHEDULE

SPRING

1	2	3	4	5	6	7	8	9	10	11	12	13	14	15	16	17	18	19	20	21	22	23	24	25	26	27	28	29	30	31
1	2	3	4	5	6	7	8	9	10	11	12	13	14	15	16	17	18	19	20	21	22	23	24	25	26	27	28	29	30	31
1	2	3	4	5	6	7	8	9	10	11	12	13	14	15	16	17	18	19	20	21	22	23	24	25	26	27	28	29	30	31

SUMMER

1	2	3	4	5	6	7	8	9	10	11	12	13	14	15	16	17	18	19	20	21	22	23	24	25	26	27	28	29	30	31
1	2	3	4	5	6	7	8	9	10	11	12	13	14	15	16	17	18	19	20	21	22	23	24	25	26	27	28	29	30	31
1	2	3	4	5	6	7	8	9	10	11	12	13	14	15	16	17	18	19	20	21	22	23	24	25	26	27	28	29	30	31

AUTUMN

1	2	3	4	5	6	7	8	9	10	11	12	13	14	15	16	17	18	19	20	21	22	23	24	25	26	27	28	29	30	31
1	2	3	4	5	6	7	8	9	10	11	12	13	14	15	16	17	18	19	20	21	22	23	24	25	26	27	28	29	30	31
1	2	3	4	5	6	7	8	9	10	11	12	13	14	15	16	17	18	19	20	21	22	23	24	25	26	27	28	29	30	31

WINTER

1	2	3	4	5	6	7	8	9	10	11	12	13	14	15	16	17	18	19	20	21	22	23	24	25	26	27	28	29	30	31
1	2	3	4	5	6	7	8	9	10	11	12	13	14	15	16	17	18	19	20	21	22	23	24	25	26	27	28	29	30	31
1	2	3	4	5	6	7	8	9	10	11	12	13	14	15	16	17	18	19	20	21	22	23	24	25	26	27	28	29	30	31

TO DO LIST

NOTES

PLANT LOG

PLANT NAME			IMAGE		
BOTANICAL NAME					
TYPE					
PURCHASED AT					
PRICE					
GERMINATED DATE					
PLANTED DATE					
LOCATION PLANTED					
TOXICITY	PET SAFE	HUMAN SAFE			
STARTED FROM	SEED	PLANT			
TEMPERATURE	MIN	MAX			
WATER REQUIREMENTS	💧	💧💧	💧💧💧	💧💧💧💧	💧💧💧💧💧
HUMIDITY					
SUNLIGHT	☼	☼☼	☼☼☼	☼☼☼☼	☼☼☼☼☼
PLANTING INSTRUCTIONS					
CARE INSTRUCTIONS					
FERTILISER / SOIL / AMENDMENT / HERBICIDE					
TRANSPLANT / PROPAGATE / DIVIDE					
PESTS / PROBLEMS					
SEASONAL CHANGES					
COMMON ISSUES					

SEASONAL WATERING SCHEDULE

SPRING

1	2	3	4	5	6	7	8	9	10	11	12	13	14	15	16	17	18	19	20	21	22	23	24	25	26	27	28	29	30	31
1	2	3	4	5	6	7	8	9	10	11	12	13	14	15	16	17	18	19	20	21	22	23	24	25	26	27	28	29	30	31
1	2	3	4	5	6	7	8	9	10	11	12	13	14	15	16	17	18	19	20	21	22	23	24	25	26	27	28	29	30	31

SUMMER

1	2	3	4	5	6	7	8	9	10	11	12	13	14	15	16	17	18	19	20	21	22	23	24	25	26	27	28	29	30	31
1	2	3	4	5	6	7	8	9	10	11	12	13	14	15	16	17	18	19	20	21	22	23	24	25	26	27	28	29	30	31
1	2	3	4	5	6	7	8	9	10	11	12	13	14	15	16	17	18	19	20	21	22	23	24	25	26	27	28	29	30	31

AUTUMN

1	2	3	4	5	6	7	8	9	10	11	12	13	14	15	16	17	18	19	20	21	22	23	24	25	26	27	28	29	30	31
1	2	3	4	5	6	7	8	9	10	11	12	13	14	15	16	17	18	19	20	21	22	23	24	25	26	27	28	29	30	31
1	2	3	4	5	6	7	8	9	10	11	12	13	14	15	16	17	18	19	20	21	22	23	24	25	26	27	28	29	30	31

WINTER

1	2	3	4	5	6	7	8	9	10	11	12	13	14	15	16	17	18	19	20	21	22	23	24	25	26	27	28	29	30	31
1	2	3	4	5	6	7	8	9	10	11	12	13	14	15	16	17	18	19	20	21	22	23	24	25	26	27	28	29	30	31
1	2	3	4	5	6	7	8	9	10	11	12	13	14	15	16	17	18	19	20	21	22	23	24	25	26	27	28	29	30	31

TO DO LIST

NOTES

PLANT LOG

PLANT NAME			IMAGE		
BOTANICAL NAME					
TYPE					
PURCHASED AT					
PRICE					
GERMINATED DATE					
PLANTED DATE					
LOCATION PLANTED					
TOXICITY	PET SAFE	HUMAN SAFE			
STARTED FROM	SEED	PLANT			
TEMPERATURE	MIN	MAX			
WATER REQUIREMENTS	💧	💧💧	💧💧💧	💧💧💧💧	💧💧💧💧💧
HUMIDITY					
SUNLIGHT	☼	☼☼	☼☼☼	☼☼☼☼	☼☼☼☼☼
PLANTING INSTRUCTIONS					
CARE INSTRUCTIONS					
FERTILISER / SOIL / AMENDMENT / HERBICIDE					
TRANSPLANT / PROPAGATE / DIVIDE					
PESTS / PROBLEMS					
SEASONAL CHANGES					
COMMON ISSUES					

SEASONAL WATERING SCHEDULE

SPRING

1	2	3	4	5	6	7	8	9	10	11	12	13	14	15	16	17	18	19	20	21	22	23	24	25	26	27	28	29	30	31
1	2	3	4	5	6	7	8	9	10	11	12	13	14	15	16	17	18	19	20	21	22	23	24	25	26	27	28	29	30	31
1	2	3	4	5	6	7	8	9	10	11	12	13	14	15	16	17	18	19	20	21	22	23	24	25	26	27	28	29	30	31

SUMMER

1	2	3	4	5	6	7	8	9	10	11	12	13	14	15	16	17	18	19	20	21	22	23	24	25	26	27	28	29	30	31
1	2	3	4	5	6	7	8	9	10	11	12	13	14	15	16	17	18	19	20	21	22	23	24	25	26	27	28	29	30	31
1	2	3	4	5	6	7	8	9	10	11	12	13	14	15	16	17	18	19	20	21	22	23	24	25	26	27	28	29	30	31

AUTUMN

1	2	3	4	5	6	7	8	9	10	11	12	13	14	15	16	17	18	19	20	21	22	23	24	25	26	27	28	29	30	31
1	2	3	4	5	6	7	8	9	10	11	12	13	14	15	16	17	18	19	20	21	22	23	24	25	26	27	28	29	30	31
1	2	3	4	5	6	7	8	9	10	11	12	13	14	15	16	17	18	19	20	21	22	23	24	25	26	27	28	29	30	31

WINTER

1	2	3	4	5	6	7	8	9	10	11	12	13	14	15	16	17	18	19	20	21	22	23	24	25	26	27	28	29	30	31
1	2	3	4	5	6	7	8	9	10	11	12	13	14	15	16	17	18	19	20	21	22	23	24	25	26	27	28	29	30	31
1	2	3	4	5	6	7	8	9	10	11	12	13	14	15	16	17	18	19	20	21	22	23	24	25	26	27	28	29	30	31

TO DO LIST

NOTES

PLANT LOG

PLANT NAME			IMAGE		
BOTANICAL NAME					
TYPE					
PURCHASED AT					
PRICE					
GERMINATED DATE					
PLANTED DATE					
LOCATION PLANTED					
TOXICITY	PET SAFE	HUMAN SAFE			
STARTED FROM	SEED	PLANT			
TEMPERATURE	MIN	MAX			
WATER REQUIREMENTS					
HUMIDITY					
SUNLIGHT					
PLANTING INSTRUCTIONS					
CARE INSTRUCTIONS					
FERTILISER / SOIL / AMENDMENT / HERBICIDE					
TRANSPLANT / PROPAGATE / DIVIDE					
PESTS / PROBLEMS					
SEASONAL CHANGES					
COMMON ISSUES					

SEASONAL WATERING SCHEDULE

SPRING

1	2	3	4	5	6	7	8	9	10	11	12	13	14	15	16	17	18	19	20	21	22	23	24	25	26	27	28	29	30	31
1	2	3	4	5	6	7	8	9	10	11	12	13	14	15	16	17	18	19	20	21	22	23	24	25	26	27	28	29	30	31
1	2	3	4	5	6	7	8	9	10	11	12	13	14	15	16	17	18	19	20	21	22	23	24	25	26	27	28	29	30	31

SUMMER

1	2	3	4	5	6	7	8	9	10	11	12	13	14	15	16	17	18	19	20	21	22	23	24	25	26	27	28	29	30	31
1	2	3	4	5	6	7	8	9	10	11	12	13	14	15	16	17	18	19	20	21	22	23	24	25	26	27	28	29	30	31
1	2	3	4	5	6	7	8	9	10	11	12	13	14	15	16	17	18	19	20	21	22	23	24	25	26	27	28	29	30	31

AUTUMN

1	2	3	4	5	6	7	8	9	10	11	12	13	14	15	16	17	18	19	20	21	22	23	24	25	26	27	28	29	30	31
1	2	3	4	5	6	7	8	9	10	11	12	13	14	15	16	17	18	19	20	21	22	23	24	25	26	27	28	29	30	31
1	2	3	4	5	6	7	8	9	10	11	12	13	14	15	16	17	18	19	20	21	22	23	24	25	26	27	28	29	30	31

WINTER

1	2	3	4	5	6	7	8	9	10	11	12	13	14	15	16	17	18	19	20	21	22	23	24	25	26	27	28	29	30	31
1	2	3	4	5	6	7	8	9	10	11	12	13	14	15	16	17	18	19	20	21	22	23	24	25	26	27	28	29	30	31
1	2	3	4	5	6	7	8	9	10	11	12	13	14	15	16	17	18	19	20	21	22	23	24	25	26	27	28	29	30	31

TO DO LIST

NOTES

PLANT LOG

PLANT NAME			IMAGE		
BOTANICAL NAME					
TYPE					
PURCHASED AT					
PRICE					
GERMINATED DATE					
PLANTED DATE					
LOCATION PLANTED					
TOXICITY	PET SAFE	HUMAN SAFE			
STARTED FROM	SEED	PLANT			
TEMPERATURE	MIN	MAX			
WATER REQUIREMENTS					
HUMIDITY					
SUNLIGHT					
PLANTING INSTRUCTIONS					
CARE INSTRUCTIONS					
FERTILISER / SOIL / AMENDMENT / HERBICIDE					
TRANSPLANT / PROPAGATE / DIVIDE					
PESTS / PROBLEMS					
SEASONAL CHANGES					
COMMON ISSUES					

SEASONAL WATERING SCHEDULE

SPRING																														
1	2	3	4	5	6	7	8	9	10	11	12	13	14	15	16	17	18	19	20	21	22	23	24	25	26	27	28	29	30	31
1	2	3	4	5	6	7	8	9	10	11	12	13	14	15	16	17	18	19	20	21	22	23	24	25	26	27	28	29	30	31
1	2	3	4	5	6	7	8	9	10	11	12	13	14	15	16	17	18	19	20	21	22	23	24	25	26	27	28	29	30	31

SUMMER																														
1	2	3	4	5	6	7	8	9	10	11	12	13	14	15	16	17	18	19	20	21	22	23	24	25	26	27	28	29	30	31
1	2	3	4	5	6	7	8	9	10	11	12	13	14	15	16	17	18	19	20	21	22	23	24	25	26	27	28	29	30	31
1	2	3	4	5	6	7	8	9	10	11	12	13	14	15	16	17	18	19	20	21	22	23	24	25	26	27	28	29	30	31

AUTUMN																														
1	2	3	4	5	6	7	8	9	10	11	12	13	14	15	16	17	18	19	20	21	22	23	24	25	26	27	28	29	30	31
1	2	3	4	5	6	7	8	9	10	11	12	13	14	15	16	17	18	19	20	21	22	23	24	25	26	27	28	29	30	31
1	2	3	4	5	6	7	8	9	10	11	12	13	14	15	16	17	18	19	20	21	22	23	24	25	26	27	28	29	30	31

WINTER																														
1	2	3	4	5	6	7	8	9	10	11	12	13	14	15	16	17	18	19	20	21	22	23	24	25	26	27	28	29	30	31
1	2	3	4	5	6	7	8	9	10	11	12	13	14	15	16	17	18	19	20	21	22	23	24	25	26	27	28	29	30	31
1	2	3	4	5	6	7	8	9	10	11	12	13	14	15	16	17	18	19	20	21	22	23	24	25	26	27	28	29	30	31

TO DO LIST

NOTES

PLANT LOG

PLANT NAME			IMAGE		
BOTANICAL NAME					
TYPE					
PURCHASED AT					
PRICE					
GERMINATED DATE					
PLANTED DATE					
LOCATION PLANTED					
TOXICITY	PET SAFE	HUMAN SAFE			
STARTED FROM	SEED	PLANT			
TEMPERATURE	MIN	MAX			
WATER REQUIREMENTS	💧	💧💧	💧💧💧	💧💧💧💧	💧💧💧💧💧
HUMIDITY					
SUNLIGHT	☼	☼☼	☼☼☼	☼☼☼☼	☼☼☼☼☼
PLANTING INSTRUCTIONS					
CARE INSTRUCTIONS					
FERTILISER / SOIL / AMENDMENT / HERBICIDE					
TRANSPLANT / PROPAGATE / DIVIDE					
PESTS / PROBLEMS					
SEASONAL CHANGES					
COMMON ISSUES					

SEASONAL WATERING SCHEDULE

SPRING

1	2	3	4	5	6	7	8	9	10	11	12	13	14	15	16	17	18	19	20	21	22	23	24	25	26	27	28	29	30	31
1	2	3	4	5	6	7	8	9	10	11	12	13	14	15	16	17	18	19	20	21	22	23	24	25	26	27	28	29	30	31
1	2	3	4	5	6	7	8	9	10	11	12	13	14	15	16	17	18	19	20	21	22	23	24	25	26	27	28	29	30	31

SUMMER

1	2	3	4	5	6	7	8	9	10	11	12	13	14	15	16	17	18	19	20	21	22	23	24	25	26	27	28	29	30	31
1	2	3	4	5	6	7	8	9	10	11	12	13	14	15	16	17	18	19	20	21	22	23	24	25	26	27	28	29	30	31
1	2	3	4	5	6	7	8	9	10	11	12	13	14	15	16	17	18	19	20	21	22	23	24	25	26	27	28	29	30	31

AUTUMN

1	2	3	4	5	6	7	8	9	10	11	12	13	14	15	16	17	18	19	20	21	22	23	24	25	26	27	28	29	30	31
1	2	3	4	5	6	7	8	9	10	11	12	13	14	15	16	17	18	19	20	21	22	23	24	25	26	27	28	29	30	31
1	2	3	4	5	6	7	8	9	10	11	12	13	14	15	16	17	18	19	20	21	22	23	24	25	26	27	28	29	30	31

WINTER

1	2	3	4	5	6	7	8	9	10	11	12	13	14	15	16	17	18	19	20	21	22	23	24	25	26	27	28	29	30	31
1	2	3	4	5	6	7	8	9	10	11	12	13	14	15	16	17	18	19	20	21	22	23	24	25	26	27	28	29	30	31
1	2	3	4	5	6	7	8	9	10	11	12	13	14	15	16	17	18	19	20	21	22	23	24	25	26	27	28	29	30	31

TO DO LIST

NOTES

PLANT LOG

PLANT NAME			IMAGE		
BOTANICAL NAME					
TYPE					
PURCHASED AT					
PRICE					
GERMINATED DATE					
PLANTED DATE					
LOCATION PLANTED					
TOXICITY	PET SAFE	HUMAN SAFE			
STARTED FROM	SEED	PLANT			
TEMPERATURE	MIN	MAX			
WATER REQUIREMENTS					
HUMIDITY					
SUNLIGHT					
PLANTING INSTRUCTIONS					
CARE INSTRUCTIONS					
FERTILISER / SOIL / AMENDMENT / HERBICIDE					
TRANSPLANT / PROPAGATE / DIVIDE					
PESTS / PROBLEMS					
SEASONAL CHANGES					
COMMON ISSUES					

SEASONAL WATERING SCHEDULE

SPRING

1	2	3	4	5	6	7	8	9	10	11	12	13	14	15	16	17	18	19	20	21	22	23	24	25	26	27	28	29	30	31
1	2	3	4	5	6	7	8	9	10	11	12	13	14	15	16	17	18	19	20	21	22	23	24	25	26	27	28	29	30	31
1	2	3	4	5	6	7	8	9	10	11	12	13	14	15	16	17	18	19	20	21	22	23	24	25	26	27	28	29	30	31

SUMMER

1	2	3	4	5	6	7	8	9	10	11	12	13	14	15	16	17	18	19	20	21	22	23	24	25	26	27	28	29	30	31
1	2	3	4	5	6	7	8	9	10	11	12	13	14	15	16	17	18	19	20	21	22	23	24	25	26	27	28	29	30	31
1	2	3	4	5	6	7	8	9	10	11	12	13	14	15	16	17	18	19	20	21	22	23	24	25	26	27	28	29	30	31

AUTUMN

1	2	3	4	5	6	7	8	9	10	11	12	13	14	15	16	17	18	19	20	21	22	23	24	25	26	27	28	29	30	31
1	2	3	4	5	6	7	8	9	10	11	12	13	14	15	16	17	18	19	20	21	22	23	24	25	26	27	28	29	30	31
1	2	3	4	5	6	7	8	9	10	11	12	13	14	15	16	17	18	19	20	21	22	23	24	25	26	27	28	29	30	31

WINTER

1	2	3	4	5	6	7	8	9	10	11	12	13	14	15	16	17	18	19	20	21	22	23	24	25	26	27	28	29	30	31
1	2	3	4	5	6	7	8	9	10	11	12	13	14	15	16	17	18	19	20	21	22	23	24	25	26	27	28	29	30	31
1	2	3	4	5	6	7	8	9	10	11	12	13	14	15	16	17	18	19	20	21	22	23	24	25	26	27	28	29	30	31

TO DO LIST

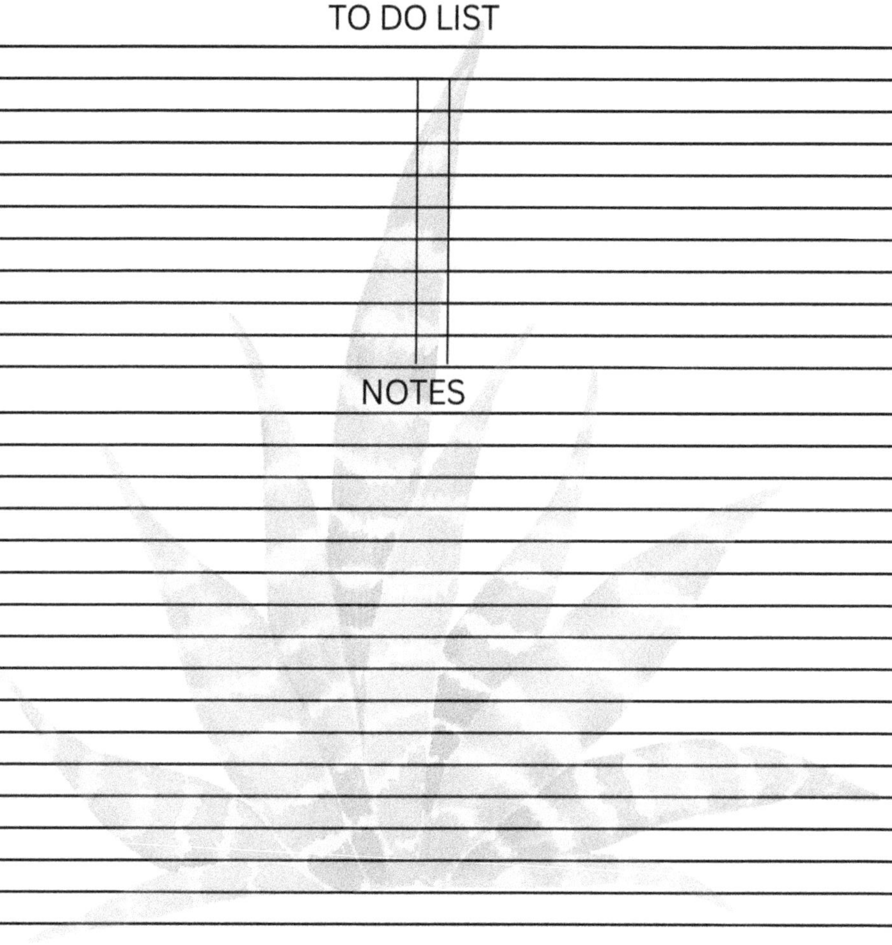

NOTES

PLANT LOG

PLANT NAME			IMAGE		
BOTANICAL NAME					
TYPE					
PURCHASED AT					
PRICE					
GERMINATED DATE					
PLANTED DATE					
LOCATION PLANTED					
TOXICITY	PET SAFE	HUMAN SAFE			
STARTED FROM	SEED	PLANT			
TEMPERATURE	MIN	MAX			
WATER REQUIREMENTS					
HUMIDITY					
SUNLIGHT					
PLANTING INSTRUCTIONS					
CARE INSTRUCTIONS					
FERTILISER / SOIL / AMENDMENT / HERBICIDE					
TRANSPLANT / PROPAGATE / DIVIDE					
PESTS / PROBLEMS					
SEASONAL CHANGES					
COMMON ISSUES					

SEASONAL WATERING SCHEDULE

SPRING																														
1	2	3	4	5	6	7	8	9	10	11	12	13	14	15	16	17	18	19	20	21	22	23	24	25	26	27	28	29	30	31
1	2	3	4	5	6	7	8	9	10	11	12	13	14	15	16	17	18	19	20	21	22	23	24	25	26	27	28	29	30	31
1	2	3	4	5	6	7	8	9	10	11	12	13	14	15	16	17	18	19	20	21	22	23	24	25	26	27	28	29	30	31

SUMMER																														
1	2	3	4	5	6	7	8	9	10	11	12	13	14	15	16	17	18	19	20	21	22	23	24	25	26	27	28	29	30	31
1	2	3	4	5	6	7	8	9	10	11	12	13	14	15	16	17	18	19	20	21	22	23	24	25	26	27	28	29	30	31
1	2	3	4	5	6	7	8	9	10	11	12	13	14	15	16	17	18	19	20	21	22	23	24	25	26	27	28	29	30	31

AUTUMN																														
1	2	3	4	5	6	7	8	9	10	11	12	13	14	15	16	17	18	19	20	21	22	23	24	25	26	27	28	29	30	31
1	2	3	4	5	6	7	8	9	10	11	12	13	14	15	16	17	18	19	20	21	22	23	24	25	26	27	28	29	30	31
1	2	3	4	5	6	7	8	9	10	11	12	13	14	15	16	17	18	19	20	21	22	23	24	25	26	27	28	29	30	31

WINTER																														
1	2	3	4	5	6	7	8	9	10	11	12	13	14	15	16	17	18	19	20	21	22	23	24	25	26	27	28	29	30	31
1	2	3	4	5	6	7	8	9	10	11	12	13	14	15	16	17	18	19	20	21	22	23	24	25	26	27	28	29	30	31
1	2	3	4	5	6	7	8	9	10	11	12	13	14	15	16	17	18	19	20	21	22	23	24	25	26	27	28	29	30	31

TO DO LIST

NOTES

PLANT LOG

PLANT NAME			IMAGE		
BOTANICAL NAME					
TYPE					
PURCHASED AT					
PRICE					
GERMINATED DATE					
PLANTED DATE					
LOCATION PLANTED					
TOXICITY	PET SAFE	HUMAN SAFE			
STARTED FROM	SEED	PLANT			
TEMPERATURE	MIN	MAX			
WATER REQUIREMENTS					
HUMIDITY					
SUNLIGHT					
PLANTING INSTRUCTIONS					
CARE INSTRUCTIONS					
FERTILISER / SOIL / AMENDMENT / HERBICIDE					
TRANSPLANT / PROPAGATE / DIVIDE					
PESTS / PROBLEMS					
SEASONAL CHANGES					
COMMON ISSUES					

SEASONAL WATERING SCHEDULE

SPRING

1	2	3	4	5	6	7	8	9	10	11	12	13	14	15	16	17	18	19	20	21	22	23	24	25	26	27	28	29	30	31
1	2	3	4	5	6	7	8	9	10	11	12	13	14	15	16	17	18	19	20	21	22	23	24	25	26	27	28	29	30	31
1	2	3	4	5	6	7	8	9	10	11	12	13	14	15	16	17	18	19	20	21	22	23	24	25	26	27	28	29	30	31

SUMMER

1	2	3	4	5	6	7	8	9	10	11	12	13	14	15	16	17	18	19	20	21	22	23	24	25	26	27	28	29	30	31
1	2	3	4	5	6	7	8	9	10	11	12	13	14	15	16	17	18	19	20	21	22	23	24	25	26	27	28	29	30	31
1	2	3	4	5	6	7	8	9	10	11	12	13	14	15	16	17	18	19	20	21	22	23	24	25	26	27	28	29	30	31

AUTUMN

1	2	3	4	5	6	7	8	9	10	11	12	13	14	15	16	17	18	19	20	21	22	23	24	25	26	27	28	29	30	31
1	2	3	4	5	6	7	8	9	10	11	12	13	14	15	16	17	18	19	20	21	22	23	24	25	26	27	28	29	30	31
1	2	3	4	5	6	7	8	9	10	11	12	13	14	15	16	17	18	19	20	21	22	23	24	25	26	27	28	29	30	31

WINTER

1	2	3	4	5	6	7	8	9	10	11	12	13	14	15	16	17	18	19	20	21	22	23	24	25	26	27	28	29	30	31
1	2	3	4	5	6	7	8	9	10	11	12	13	14	15	16	17	18	19	20	21	22	23	24	25	26	27	28	29	30	31
1	2	3	4	5	6	7	8	9	10	11	12	13	14	15	16	17	18	19	20	21	22	23	24	25	26	27	28	29	30	31

TO DO LIST

NOTES

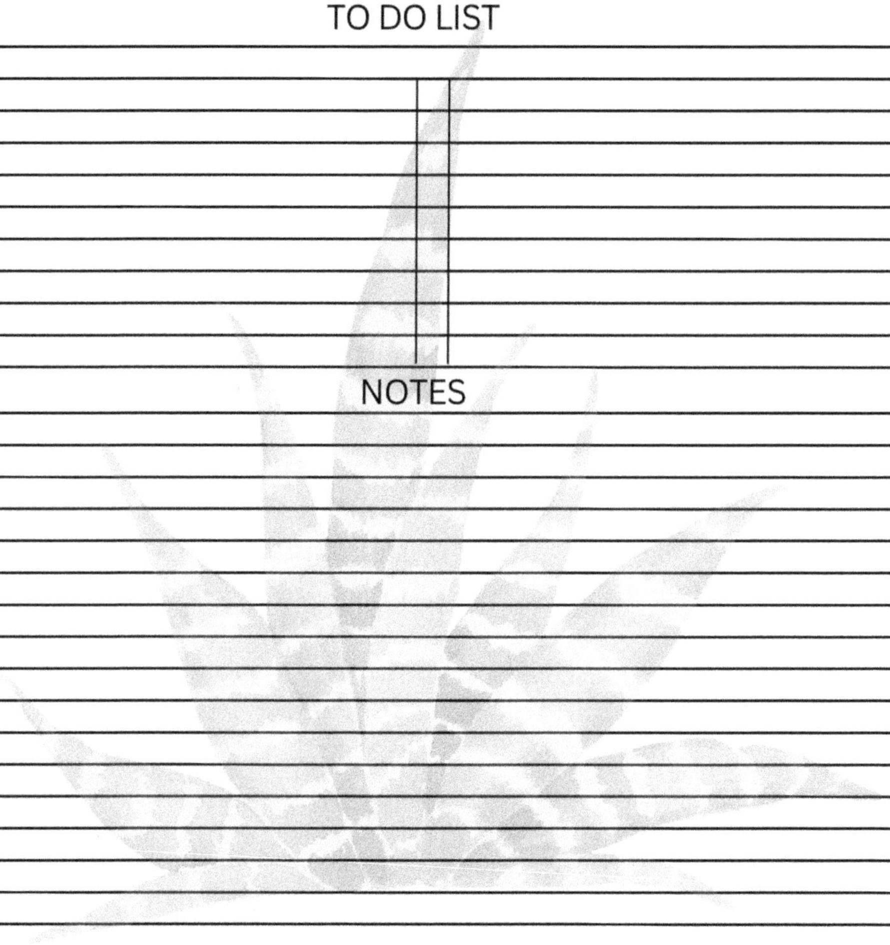

PLANT LOG

PLANT NAME			IMAGE		
BOTANICAL NAME					
TYPE					
PURCHASED AT					
PRICE					
GERMINATED DATE					
PLANTED DATE					
LOCATION PLANTED					
TOXICITY	PET SAFE	HUMAN SAFE			
STARTED FROM	SEED	PLANT			
TEMPERATURE	MIN	MAX			
WATER REQUIREMENTS					
HUMIDITY					
SUNLIGHT					
PLANTING INSTRUCTIONS					
CARE INSTRUCTIONS					
FERTILISER / SOIL / AMENDMENT / HERBICIDE					
TRANSPLANT / PROPAGATE / DIVIDE					
PESTS / PROBLEMS					
SEASONAL CHANGES					
COMMON ISSUES					

SEASONAL WATERING SCHEDULE

SPRING																														
1	2	3	4	5	6	7	8	9	10	11	12	13	14	15	16	17	18	19	20	21	22	23	24	25	26	27	28	29	30	31
1	2	3	4	5	6	7	8	9	10	11	12	13	14	15	16	17	18	19	20	21	22	23	24	25	26	27	28	29	30	31
1	2	3	4	5	6	7	8	9	10	11	12	13	14	15	16	17	18	19	20	21	22	23	24	25	26	27	28	29	30	31

SUMMER																														
1	2	3	4	5	6	7	8	9	10	11	12	13	14	15	16	17	18	19	20	21	22	23	24	25	26	27	28	29	30	31
1	2	3	4	5	6	7	8	9	10	11	12	13	14	15	16	17	18	19	20	21	22	23	24	25	26	27	28	29	30	31
1	2	3	4	5	6	7	8	9	10	11	12	13	14	15	16	17	18	19	20	21	22	23	24	25	26	27	28	29	30	31

AUTUMN																														
1	2	3	4	5	6	7	8	9	10	11	12	13	14	15	16	17	18	19	20	21	22	23	24	25	26	27	28	29	30	31
1	2	3	4	5	6	7	8	9	10	11	12	13	14	15	16	17	18	19	20	21	22	23	24	25	26	27	28	29	30	31
1	2	3	4	5	6	7	8	9	10	11	12	13	14	15	16	17	18	19	20	21	22	23	24	25	26	27	28	29	30	31

WINTER																														
1	2	3	4	5	6	7	8	9	10	11	12	13	14	15	16	17	18	19	20	21	22	23	24	25	26	27	28	29	30	31
1	2	3	4	5	6	7	8	9	10	11	12	13	14	15	16	17	18	19	20	21	22	23	24	25	26	27	28	29	30	31
1	2	3	4	5	6	7	8	9	10	11	12	13	14	15	16	17	18	19	20	21	22	23	24	25	26	27	28	29	30	31

TO DO LIST

NOTES

PLANT LOG

PLANT NAME			IMAGE		
BOTANICAL NAME					
TYPE					
PURCHASED AT					
PRICE					
GERMINATED DATE					
PLANTED DATE					
LOCATION PLANTED					
TOXICITY	PET SAFE	HUMAN SAFE			
STARTED FROM	SEED	PLANT			
TEMPERATURE	MIN	MAX			
WATER REQUIREMENTS	💧	💧💧	💧💧💧	💧💧💧💧	💧💧💧💧💧
HUMIDITY					
SUNLIGHT	☼	☼☼	☼☼☼	☼☼☼☼	☼☼☼☼☼
PLANTING INSTRUCTIONS					
CARE INSTRUCTIONS					
FERTILISER / SOIL / AMENDMENT / HERBICIDE					
TRANSPLANT / PROPAGATE / DIVIDE					
PESTS / PROBLEMS					
SEASONAL CHANGES					
COMMON ISSUES					

SEASONAL WATERING SCHEDULE

SPRING

1	2	3	4	5	6	7	8	9	10	11	12	13	14	15	16	17	18	19	20	21	22	23	24	25	26	27	28	29	30	31
1	2	3	4	5	6	7	8	9	10	11	12	13	14	15	16	17	18	19	20	21	22	23	24	25	26	27	28	29	30	31
1	2	3	4	5	6	7	8	9	10	11	12	13	14	15	16	17	18	19	20	21	22	23	24	25	26	27	28	29	30	31

SUMMER

1	2	3	4	5	6	7	8	9	10	11	12	13	14	15	16	17	18	19	20	21	22	23	24	25	26	27	28	29	30	31
1	2	3	4	5	6	7	8	9	10	11	12	13	14	15	16	17	18	19	20	21	22	23	24	25	26	27	28	29	30	31
1	2	3	4	5	6	7	8	9	10	11	12	13	14	15	16	17	18	19	20	21	22	23	24	25	26	27	28	29	30	31

AUTUMN

1	2	3	4	5	6	7	8	9	10	11	12	13	14	15	16	17	18	19	20	21	22	23	24	25	26	27	28	29	30	31
1	2	3	4	5	6	7	8	9	10	11	12	13	14	15	16	17	18	19	20	21	22	23	24	25	26	27	28	29	30	31
1	2	3	4	5	6	7	8	9	10	11	12	13	14	15	16	17	18	19	20	21	22	23	24	25	26	27	28	29	30	31

WINTER

1	2	3	4	5	6	7	8	9	10	11	12	13	14	15	16	17	18	19	20	21	22	23	24	25	26	27	28	29	30	31
1	2	3	4	5	6	7	8	9	10	11	12	13	14	15	16	17	18	19	20	21	22	23	24	25	26	27	28	29	30	31
1	2	3	4	5	6	7	8	9	10	11	12	13	14	15	16	17	18	19	20	21	22	23	24	25	26	27	28	29	30	31

TO DO LIST

NOTES

PLANT LOG

PLANT NAME			IMAGE		
BOTANICAL NAME					
TYPE					
PURCHASED AT					
PRICE					
GERMINATED DATE					
PLANTED DATE					
LOCATION PLANTED					
TOXICITY	PET SAFE	HUMAN SAFE			
STARTED FROM	SEED	PLANT			
TEMPERATURE	MIN	MAX			
WATER REQUIREMENTS					
HUMIDITY					
SUNLIGHT					
PLANTING INSTRUCTIONS					
CARE INSTRUCTIONS					
FERTILISER / SOIL / AMENDMENT / HERBICIDE					
TRANSPLANT / PROPAGATE / DIVIDE					
PESTS / PROBLEMS					
SEASONAL CHANGES					
COMMON ISSUES					

SEASONAL WATERING SCHEDULE

SPRING

1	2	3	4	5	6	7	8	9	10	11	12	13	14	15	16	17	18	19	20	21	22	23	24	25	26	27	28	29	30	31
1	2	3	4	5	6	7	8	9	10	11	12	13	14	15	16	17	18	19	20	21	22	23	24	25	26	27	28	29	30	31
1	2	3	4	5	6	7	8	9	10	11	12	13	14	15	16	17	18	19	20	21	22	23	24	25	26	27	28	29	30	31

SUMMER

1	2	3	4	5	6	7	8	9	10	11	12	13	14	15	16	17	18	19	20	21	22	23	24	25	26	27	28	29	30	31
1	2	3	4	5	6	7	8	9	10	11	12	13	14	15	16	17	18	19	20	21	22	23	24	25	26	27	28	29	30	31
1	2	3	4	5	6	7	8	9	10	11	12	13	14	15	16	17	18	19	20	21	22	23	24	25	26	27	28	29	30	31

AUTUMN

1	2	3	4	5	6	7	8	9	10	11	12	13	14	15	16	17	18	19	20	21	22	23	24	25	26	27	28	29	30	31
1	2	3	4	5	6	7	8	9	10	11	12	13	14	15	16	17	18	19	20	21	22	23	24	25	26	27	28	29	30	31
1	2	3	4	5	6	7	8	9	10	11	12	13	14	15	16	17	18	19	20	21	22	23	24	25	26	27	28	29	30	31

WINTER

1	2	3	4	5	6	7	8	9	10	11	12	13	14	15	16	17	18	19	20	21	22	23	24	25	26	27	28	29	30	31
1	2	3	4	5	6	7	8	9	10	11	12	13	14	15	16	17	18	19	20	21	22	23	24	25	26	27	28	29	30	31
1	2	3	4	5	6	7	8	9	10	11	12	13	14	15	16	17	18	19	20	21	22	23	24	25	26	27	28	29	30	31

TO DO LIST

NOTES

PLANT LOG

PLANT NAME			IMAGE		
BOTANICAL NAME					
TYPE					
PURCHASED AT					
PRICE					
GERMINATED DATE					
PLANTED DATE					
LOCATION PLANTED					
TOXICITY	PET SAFE	HUMAN SAFE			
STARTED FROM	SEED	PLANT			
TEMPERATURE	MIN	MAX			
WATER REQUIREMENTS					
HUMIDITY					
SUNLIGHT					
PLANTING INSTRUCTIONS					
CARE INSTRUCTIONS					
FERTILISER / SOIL / AMENDMENT / HERBICIDE					
TRANSPLANT / PROPAGATE / DIVIDE					
PESTS / PROBLEMS					
SEASONAL CHANGES					
COMMON ISSUES					

SEASONAL WATERING SCHEDULE

SPRING

1	2	3	4	5	6	7	8	9	10	11	12	13	14	15	16	17	18	19	20	21	22	23	24	25	26	27	28	29	30	31
1	2	3	4	5	6	7	8	9	10	11	12	13	14	15	16	17	18	19	20	21	22	23	24	25	26	27	28	29	30	31
1	2	3	4	5	6	7	8	9	10	11	12	13	14	15	16	17	18	19	20	21	22	23	24	25	26	27	28	29	30	31

SUMMER

1	2	3	4	5	6	7	8	9	10	11	12	13	14	15	16	17	18	19	20	21	22	23	24	25	26	27	28	29	30	31
1	2	3	4	5	6	7	8	9	10	11	12	13	14	15	16	17	18	19	20	21	22	23	24	25	26	27	28	29	30	31
1	2	3	4	5	6	7	8	9	10	11	12	13	14	15	16	17	18	19	20	21	22	23	24	25	26	27	28	29	30	31

AUTUMN

1	2	3	4	5	6	7	8	9	10	11	12	13	14	15	16	17	18	19	20	21	22	23	24	25	26	27	28	29	30	31
1	2	3	4	5	6	7	8	9	10	11	12	13	14	15	16	17	18	19	20	21	22	23	24	25	26	27	28	29	30	31
1	2	3	4	5	6	7	8	9	10	11	12	13	14	15	16	17	18	19	20	21	22	23	24	25	26	27	28	29	30	31

WINTER

1	2	3	4	5	6	7	8	9	10	11	12	13	14	15	16	17	18	19	20	21	22	23	24	25	26	27	28	29	30	31
1	2	3	4	5	6	7	8	9	10	11	12	13	14	15	16	17	18	19	20	21	22	23	24	25	26	27	28	29	30	31
1	2	3	4	5	6	7	8	9	10	11	12	13	14	15	16	17	18	19	20	21	22	23	24	25	26	27	28	29	30	31

TO DO LIST

NOTES

PLANT LOG

PLANT NAME			IMAGE		
BOTANICAL NAME					
TYPE					
PURCHASED AT					
PRICE					
GERMINATED DATE					
PLANTED DATE					
LOCATION PLANTED					
TOXICITY	PET SAFE	HUMAN SAFE			
STARTED FROM	SEED	PLANT			
TEMPERATURE	MIN	MAX			
WATER REQUIREMENTS					
HUMIDITY					
SUNLIGHT					
PLANTING INSTRUCTIONS					
CARE INSTRUCTIONS					
FERTILISER / SOIL / AMENDMENT / HERBICIDE					
TRANSPLANT / PROPAGATE / DIVIDE					
PESTS / PROBLEMS					
SEASONAL CHANGES					
COMMON ISSUES					

SEASONAL WATERING SCHEDULE

SPRING

1	2	3	4	5	6	7	8	9	10	11	12	13	14	15	16	17	18	19	20	21	22	23	24	25	26	27	28	29	30	31
1	2	3	4	5	6	7	8	9	10	11	12	13	14	15	16	17	18	19	20	21	22	23	24	25	26	27	28	29	30	31
1	2	3	4	5	6	7	8	9	10	11	12	13	14	15	16	17	18	19	20	21	22	23	24	25	26	27	28	29	30	31

SUMMER

1	2	3	4	5	6	7	8	9	10	11	12	13	14	15	16	17	18	19	20	21	22	23	24	25	26	27	28	29	30	31
1	2	3	4	5	6	7	8	9	10	11	12	13	14	15	16	17	18	19	20	21	22	23	24	25	26	27	28	29	30	31
1	2	3	4	5	6	7	8	9	10	11	12	13	14	15	16	17	18	19	20	21	22	23	24	25	26	27	28	29	30	31

AUTUMN

1	2	3	4	5	6	7	8	9	10	11	12	13	14	15	16	17	18	19	20	21	22	23	24	25	26	27	28	29	30	31
1	2	3	4	5	6	7	8	9	10	11	12	13	14	15	16	17	18	19	20	21	22	23	24	25	26	27	28	29	30	31
1	2	3	4	5	6	7	8	9	10	11	12	13	14	15	16	17	18	19	20	21	22	23	24	25	26	27	28	29	30	31

WINTER

1	2	3	4	5	6	7	8	9	10	11	12	13	14	15	16	17	18	19	20	21	22	23	24	25	26	27	28	29	30	31
1	2	3	4	5	6	7	8	9	10	11	12	13	14	15	16	17	18	19	20	21	22	23	24	25	26	27	28	29	30	31
1	2	3	4	5	6	7	8	9	10	11	12	13	14	15	16	17	18	19	20	21	22	23	24	25	26	27	28	29	30	31

TO DO LIST

NOTES

PLANT LOG

PLANT NAME			IMAGE		
BOTANICAL NAME					
TYPE					
PURCHASED AT					
PRICE					
GERMINATED DATE					
PLANTED DATE					
LOCATION PLANTED					
TOXICITY	PET SAFE	HUMAN SAFE			
STARTED FROM	SEED	PLANT			
TEMPERATURE	MIN	MAX			
WATER REQUIREMENTS					
HUMIDITY					
SUNLIGHT					
PLANTING INSTRUCTIONS					
CARE INSTRUCTIONS					
FERTILISER / SOIL / AMENDMENT / HERBICIDE					
TRANSPLANT / PROPAGATE / DIVIDE					
PESTS / PROBLEMS					
SEASONAL CHANGES					
COMMON ISSUES					

SEASONAL WATERING SCHEDULE

SPRING

1	2	3	4	5	6	7	8	9	10	11	12	13	14	15	16	17	18	19	20	21	22	23	24	25	26	27	28	29	30	31
1	2	3	4	5	6	7	8	9	10	11	12	13	14	15	16	17	18	19	20	21	22	23	24	25	26	27	28	29	30	31
1	2	3	4	5	6	7	8	9	10	11	12	13	14	15	16	17	18	19	20	21	22	23	24	25	26	27	28	29	30	31

SUMMER

1	2	3	4	5	6	7	8	9	10	11	12	13	14	15	16	17	18	19	20	21	22	23	24	25	26	27	28	29	30	31
1	2	3	4	5	6	7	8	9	10	11	12	13	14	15	16	17	18	19	20	21	22	23	24	25	26	27	28	29	30	31
1	2	3	4	5	6	7	8	9	10	11	12	13	14	15	16	17	18	19	20	21	22	23	24	25	26	27	28	29	30	31

AUTUMN

1	2	3	4	5	6	7	8	9	10	11	12	13	14	15	16	17	18	19	20	21	22	23	24	25	26	27	28	29	30	31
1	2	3	4	5	6	7	8	9	10	11	12	13	14	15	16	17	18	19	20	21	22	23	24	25	26	27	28	29	30	31
1	2	3	4	5	6	7	8	9	10	11	12	13	14	15	16	17	18	19	20	21	22	23	24	25	26	27	28	29	30	31

WINTER

1	2	3	4	5	6	7	8	9	10	11	12	13	14	15	16	17	18	19	20	21	22	23	24	25	26	27	28	29	30	31
1	2	3	4	5	6	7	8	9	10	11	12	13	14	15	16	17	18	19	20	21	22	23	24	25	26	27	28	29	30	31
1	2	3	4	5	6	7	8	9	10	11	12	13	14	15	16	17	18	19	20	21	22	23	24	25	26	27	28	29	30	31

TO DO LIST

NOTES

PLANT LOG

PLANT NAME			IMAGE		
BOTANICAL NAME					
TYPE					
PURCHASED AT					
PRICE					
GERMINATED DATE					
PLANTED DATE					
LOCATION PLANTED					
TOXICITY	PET SAFE	HUMAN SAFE			
STARTED FROM	SEED	PLANT			
TEMPERATURE	MIN	MAX			
WATER REQUIREMENTS					
HUMIDITY					
SUNLIGHT					
PLANTING INSTRUCTIONS					
CARE INSTRUCTIONS					
FERTILISER / SOIL / AMENDMENT / HERBICIDE					
TRANSPLANT / PROPAGATE / DIVIDE					
PESTS / PROBLEMS					
SEASONAL CHANGES					
COMMON ISSUES					

SEASONAL WATERING SCHEDULE

SPRING

1	2	3	4	5	6	7	8	9	10	11	12	13	14	15	16	17	18	19	20	21	22	23	24	25	26	27	28	29	30	31
1	2	3	4	5	6	7	8	9	10	11	12	13	14	15	16	17	18	19	20	21	22	23	24	25	26	27	28	29	30	31
1	2	3	4	5	6	7	8	9	10	11	12	13	14	15	16	17	18	19	20	21	22	23	24	25	26	27	28	29	30	31

SUMMER

1	2	3	4	5	6	7	8	9	10	11	12	13	14	15	16	17	18	19	20	21	22	23	24	25	26	27	28	29	30	31
1	2	3	4	5	6	7	8	9	10	11	12	13	14	15	16	17	18	19	20	21	22	23	24	25	26	27	28	29	30	31
1	2	3	4	5	6	7	8	9	10	11	12	13	14	15	16	17	18	19	20	21	22	23	24	25	26	27	28	29	30	31

AUTUMN

1	2	3	4	5	6	7	8	9	10	11	12	13	14	15	16	17	18	19	20	21	22	23	24	25	26	27	28	29	30	31
1	2	3	4	5	6	7	8	9	10	11	12	13	14	15	16	17	18	19	20	21	22	23	24	25	26	27	28	29	30	31
1	2	3	4	5	6	7	8	9	10	11	12	13	14	15	16	17	18	19	20	21	22	23	24	25	26	27	28	29	30	31

WINTER

1	2	3	4	5	6	7	8	9	10	11	12	13	14	15	16	17	18	19	20	21	22	23	24	25	26	27	28	29	30	31
1	2	3	4	5	6	7	8	9	10	11	12	13	14	15	16	17	18	19	20	21	22	23	24	25	26	27	28	29	30	31
1	2	3	4	5	6	7	8	9	10	11	12	13	14	15	16	17	18	19	20	21	22	23	24	25	26	27	28	29	30	31

TO DO LIST

NOTES

PLANT LOG

PLANT NAME			IMAGE		
BOTANICAL NAME					
TYPE					
PURCHASED AT					
PRICE					
GERMINATED DATE					
PLANTED DATE					
LOCATION PLANTED					
TOXICITY	PET SAFE	HUMAN SAFE			
STARTED FROM	SEED	PLANT			
TEMPERATURE	MIN	MAX			
WATER REQUIREMENTS					
HUMIDITY					
SUNLIGHT					
PLANTING INSTRUCTIONS					
CARE INSTRUCTIONS					
FERTILISER / SOIL / AMENDMENT / HERBICIDE					
TRANSPLANT / PROPAGATE / DIVIDE					
PESTS / PROBLEMS					
SEASONAL CHANGES					
COMMON ISSUES					

SEASONAL WATERING SCHEDULE

SPRING

1	2	3	4	5	6	7	8	9	10	11	12	13	14	15	16	17	18	19	20	21	22	23	24	25	26	27	28	29	30	31
1	2	3	4	5	6	7	8	9	10	11	12	13	14	15	16	17	18	19	20	21	22	23	24	25	26	27	28	29	30	31
1	2	3	4	5	6	7	8	9	10	11	12	13	14	15	16	17	18	19	20	21	22	23	24	25	26	27	28	29	30	31

SUMMER

1	2	3	4	5	6	7	8	9	10	11	12	13	14	15	16	17	18	19	20	21	22	23	24	25	26	27	28	29	30	31
1	2	3	4	5	6	7	8	9	10	11	12	13	14	15	16	17	18	19	20	21	22	23	24	25	26	27	28	29	30	31
1	2	3	4	5	6	7	8	9	10	11	12	13	14	15	16	17	18	19	20	21	22	23	24	25	26	27	28	29	30	31

AUTUMN

1	2	3	4	5	6	7	8	9	10	11	12	13	14	15	16	17	18	19	20	21	22	23	24	25	26	27	28	29	30	31
1	2	3	4	5	6	7	8	9	10	11	12	13	14	15	16	17	18	19	20	21	22	23	24	25	26	27	28	29	30	31
1	2	3	4	5	6	7	8	9	10	11	12	13	14	15	16	17	18	19	20	21	22	23	24	25	26	27	28	29	30	31

WINTER

1	2	3	4	5	6	7	8	9	10	11	12	13	14	15	16	17	18	19	20	21	22	23	24	25	26	27	28	29	30	31
1	2	3	4	5	6	7	8	9	10	11	12	13	14	15	16	17	18	19	20	21	22	23	24	25	26	27	28	29	30	31
1	2	3	4	5	6	7	8	9	10	11	12	13	14	15	16	17	18	19	20	21	22	23	24	25	26	27	28	29	30	31

TO DO LIST

NOTES

PLANT LOG

PLANT NAME			IMAGE		
BOTANICAL NAME					
TYPE					
PURCHASED AT					
PRICE					
GERMINATED DATE					
PLANTED DATE					
LOCATION PLANTED					
TOXICITY	PET SAFE	HUMAN SAFE			
STARTED FROM	SEED	PLANT			
TEMPERATURE	MIN	MAX			
WATER REQUIREMENTS					
HUMIDITY					
SUNLIGHT					
PLANTING INSTRUCTIONS					
CARE INSTRUCTIONS					
FERTILISER / SOIL / AMENDMENT / HERBICIDE					
TRANSPLANT / PROPAGATE / DIVIDE					
PESTS / PROBLEMS					
SEASONAL CHANGES					
COMMON ISSUES					

SEASONAL WATERING SCHEDULE

SPRING																														
1	2	3	4	5	6	7	8	9	10	11	12	13	14	15	16	17	18	19	20	21	22	23	24	25	26	27	28	29	30	31
1	2	3	4	5	6	7	8	9	10	11	12	13	14	15	16	17	18	19	20	21	22	23	24	25	26	27	28	29	30	31
1	2	3	4	5	6	7	8	9	10	11	12	13	14	15	16	17	18	19	20	21	22	23	24	25	26	27	28	29	30	31

SUMMER																														
1	2	3	4	5	6	7	8	9	10	11	12	13	14	15	16	17	18	19	20	21	22	23	24	25	26	27	28	29	30	31
1	2	3	4	5	6	7	8	9	10	11	12	13	14	15	16	17	18	19	20	21	22	23	24	25	26	27	28	29	30	31
1	2	3	4	5	6	7	8	9	10	11	12	13	14	15	16	17	18	19	20	21	22	23	24	25	26	27	28	29	30	31

AUTUMN																														
1	2	3	4	5	6	7	8	9	10	11	12	13	14	15	16	17	18	19	20	21	22	23	24	25	26	27	28	29	30	31
1	2	3	4	5	6	7	8	9	10	11	12	13	14	15	16	17	18	19	20	21	22	23	24	25	26	27	28	29	30	31
1	2	3	4	5	6	7	8	9	10	11	12	13	14	15	16	17	18	19	20	21	22	23	24	25	26	27	28	29	30	31

WINTER																														
1	2	3	4	5	6	7	8	9	10	11	12	13	14	15	16	17	18	19	20	21	22	23	24	25	26	27	28	29	30	31
1	2	3	4	5	6	7	8	9	10	11	12	13	14	15	16	17	18	19	20	21	22	23	24	25	26	27	28	29	30	31
1	2	3	4	5	6	7	8	9	10	11	12	13	14	15	16	17	18	19	20	21	22	23	24	25	26	27	28	29	30	31

TO DO LIST

NOTES

PLANT LOG

PLANT NAME					
BOTANICAL NAME					
TYPE					
PURCHASED AT					
PRICE			IMAGE		
GERMINATED DATE					
PLANTED DATE					
LOCATION PLANTED					
TOXICITY	PET SAFE	HUMAN SAFE			
STARTED FROM	SEED	PLANT			
TEMPERATURE	MIN	MAX			
WATER REQUIREMENTS					
HUMIDITY					
SUNLIGHT					
PLANTING INSTRUCTIONS					
CARE INSTRUCTIONS					
FERTILISER / SOIL / AMENDMENT / HERBICIDE					
TRANSPLANT / PROPAGATE / DIVIDE					
PESTS / PROBLEMS					
SEASONAL CHANGES					
COMMON ISSUES					

SEASONAL WATERING SCHEDULE

SPRING

1	2	3	4	5	6	7	8	9	10	11	12	13	14	15	16	17	18	19	20	21	22	23	24	25	26	27	28	29	30	31
1	2	3	4	5	6	7	8	9	10	11	12	13	14	15	16	17	18	19	20	21	22	23	24	25	26	27	28	29	30	31
1	2	3	4	5	6	7	8	9	10	11	12	13	14	15	16	17	18	19	20	21	22	23	24	25	26	27	28	29	30	31

SUMMER

1	2	3	4	5	6	7	8	9	10	11	12	13	14	15	16	17	18	19	20	21	22	23	24	25	26	27	28	29	30	31
1	2	3	4	5	6	7	8	9	10	11	12	13	14	15	16	17	18	19	20	21	22	23	24	25	26	27	28	29	30	31
1	2	3	4	5	6	7	8	9	10	11	12	13	14	15	16	17	18	19	20	21	22	23	24	25	26	27	28	29	30	31

AUTUMN

1	2	3	4	5	6	7	8	9	10	11	12	13	14	15	16	17	18	19	20	21	22	23	24	25	26	27	28	29	30	31
1	2	3	4	5	6	7	8	9	10	11	12	13	14	15	16	17	18	19	20	21	22	23	24	25	26	27	28	29	30	31
1	2	3	4	5	6	7	8	9	10	11	12	13	14	15	16	17	18	19	20	21	22	23	24	25	26	27	28	29	30	31

WINTER

1	2	3	4	5	6	7	8	9	10	11	12	13	14	15	16	17	18	19	20	21	22	23	24	25	26	27	28	29	30	31
1	2	3	4	5	6	7	8	9	10	11	12	13	14	15	16	17	18	19	20	21	22	23	24	25	26	27	28	29	30	31
1	2	3	4	5	6	7	8	9	10	11	12	13	14	15	16	17	18	19	20	21	22	23	24	25	26	27	28	29	30	31

TO DO LIST

NOTES

PLANT LOG

PLANT NAME			IMAGE		
BOTANICAL NAME					
TYPE					
PURCHASED AT					
PRICE					
GERMINATED DATE					
PLANTED DATE					
LOCATION PLANTED					
TOXICITY	PET SAFE	HUMAN SAFE			
STARTED FROM	SEED	PLANT			
TEMPERATURE	MIN	MAX			
WATER REQUIREMENTS	💧	💧💧	💧💧💧	💧💧💧💧	💧💧💧💧💧
HUMIDITY					
SUNLIGHT	☼	☼☼	☼☼☼	☼☼☼☼	☼☼☼☼☼
PLANTING INSTRUCTIONS					
CARE INSTRUCTIONS					
FERTILISER / SOIL / AMENDMENT / HERBICIDE					
TRANSPLANT / PROPAGATE / DIVIDE					
PESTS / PROBLEMS					
SEASONAL CHANGES					
COMMON ISSUES					

SEASONAL WATERING SCHEDULE

SPRING

1	2	3	4	5	6	7	8	9	10	11	12	13	14	15	16	17	18	19	20	21	22	23	24	25	26	27	28	29	30	31
1	2	3	4	5	6	7	8	9	10	11	12	13	14	15	16	17	18	19	20	21	22	23	24	25	26	27	28	29	30	31
1	2	3	4	5	6	7	8	9	10	11	12	13	14	15	16	17	18	19	20	21	22	23	24	25	26	27	28	29	30	31

SUMMER

1	2	3	4	5	6	7	8	9	10	11	12	13	14	15	16	17	18	19	20	21	22	23	24	25	26	27	28	29	30	31
1	2	3	4	5	6	7	8	9	10	11	12	13	14	15	16	17	18	19	20	21	22	23	24	25	26	27	28	29	30	31
1	2	3	4	5	6	7	8	9	10	11	12	13	14	15	16	17	18	19	20	21	22	23	24	25	26	27	28	29	30	31

AUTUMN

1	2	3	4	5	6	7	8	9	10	11	12	13	14	15	16	17	18	19	20	21	22	23	24	25	26	27	28	29	30	31
1	2	3	4	5	6	7	8	9	10	11	12	13	14	15	16	17	18	19	20	21	22	23	24	25	26	27	28	29	30	31
1	2	3	4	5	6	7	8	9	10	11	12	13	14	15	16	17	18	19	20	21	22	23	24	25	26	27	28	29	30	31

WINTER

1	2	3	4	5	6	7	8	9	10	11	12	13	14	15	16	17	18	19	20	21	22	23	24	25	26	27	28	29	30	31
1	2	3	4	5	6	7	8	9	10	11	12	13	14	15	16	17	18	19	20	21	22	23	24	25	26	27	28	29	30	31
1	2	3	4	5	6	7	8	9	10	11	12	13	14	15	16	17	18	19	20	21	22	23	24	25	26	27	28	29	30	31

TO DO LIST

NOTES

PLANT LOG

PLANT NAME			IMAGE		
BOTANICAL NAME					
TYPE					
PURCHASED AT					
PRICE					
GERMINATED DATE					
PLANTED DATE					
LOCATION PLANTED					
TOXICITY	PET SAFE	HUMAN SAFE			
STARTED FROM	SEED	PLANT			
TEMPERATURE	MIN	MAX			
WATER REQUIREMENTS	💧	💧💧	💧💧💧	💧💧💧💧	💧💧💧💧💧
HUMIDITY					
SUNLIGHT	☼	☼☼	☼☼☼	☼☼☼☼	☼☼☼☼☼
PLANTING INSTRUCTIONS					
CARE INSTRUCTIONS					
FERTILISER / SOIL / AMENDMENT / HERBICIDE					
TRANSPLANT / PROPAGATE / DIVIDE					
PESTS / PROBLEMS					
SEASONAL CHANGES					
COMMON ISSUES					

SEASONAL WATERING SCHEDULE

SPRING

1	2	3	4	5	6	7	8	9	10	11	12	13	14	15	16	17	18	19	20	21	22	23	24	25	26	27	28	29	30	31
1	2	3	4	5	6	7	8	9	10	11	12	13	14	15	16	17	18	19	20	21	22	23	24	25	26	27	28	29	30	31
1	2	3	4	5	6	7	8	9	10	11	12	13	14	15	16	17	18	19	20	21	22	23	24	25	26	27	28	29	30	31

SUMMER

1	2	3	4	5	6	7	8	9	10	11	12	13	14	15	16	17	18	19	20	21	22	23	24	25	26	27	28	29	30	31
1	2	3	4	5	6	7	8	9	10	11	12	13	14	15	16	17	18	19	20	21	22	23	24	25	26	27	28	29	30	31
1	2	3	4	5	6	7	8	9	10	11	12	13	14	15	16	17	18	19	20	21	22	23	24	25	26	27	28	29	30	31

AUTUMN

1	2	3	4	5	6	7	8	9	10	11	12	13	14	15	16	17	18	19	20	21	22	23	24	25	26	27	28	29	30	31
1	2	3	4	5	6	7	8	9	10	11	12	13	14	15	16	17	18	19	20	21	22	23	24	25	26	27	28	29	30	31
1	2	3	4	5	6	7	8	9	10	11	12	13	14	15	16	17	18	19	20	21	22	23	24	25	26	27	28	29	30	31

WINTER

1	2	3	4	5	6	7	8	9	10	11	12	13	14	15	16	17	18	19	20	21	22	23	24	25	26	27	28	29	30	31
1	2	3	4	5	6	7	8	9	10	11	12	13	14	15	16	17	18	19	20	21	22	23	24	25	26	27	28	29	30	31
1	2	3	4	5	6	7	8	9	10	11	12	13	14	15	16	17	18	19	20	21	22	23	24	25	26	27	28	29	30	31

TO DO LIST

NOTES

PLANT LOG

PLANT NAME			IMAGE		
BOTANICAL NAME					
TYPE					
PURCHASED AT					
PRICE					
GERMINATED DATE					
PLANTED DATE					
LOCATION PLANTED					
TOXICITY	PET SAFE	HUMAN SAFE			
STARTED FROM	SEED	PLANT			
TEMPERATURE	MIN	MAX			
WATER REQUIREMENTS					
HUMIDITY					
SUNLIGHT					
PLANTING INSTRUCTIONS					
CARE INSTRUCTIONS					
FERTILISER / SOIL / AMENDMENT / HERBICIDE					
TRANSPLANT / PROPAGATE / DIVIDE					
PESTS / PROBLEMS					
SEASONAL CHANGES					
COMMON ISSUES					

SEASONAL WATERING SCHEDULE

SPRING

1	2	3	4	5	6	7	8	9	10	11	12	13	14	15	16	17	18	19	20	21	22	23	24	25	26	27	28	29	30	31
1	2	3	4	5	6	7	8	9	10	11	12	13	14	15	16	17	18	19	20	21	22	23	24	25	26	27	28	29	30	31
1	2	3	4	5	6	7	8	9	10	11	12	13	14	15	16	17	18	19	20	21	22	23	24	25	26	27	28	29	30	31

SUMMER

1	2	3	4	5	6	7	8	9	10	11	12	13	14	15	16	17	18	19	20	21	22	23	24	25	26	27	28	29	30	31
1	2	3	4	5	6	7	8	9	10	11	12	13	14	15	16	17	18	19	20	21	22	23	24	25	26	27	28	29	30	31
1	2	3	4	5	6	7	8	9	10	11	12	13	14	15	16	17	18	19	20	21	22	23	24	25	26	27	28	29	30	31

AUTUMN

1	2	3	4	5	6	7	8	9	10	11	12	13	14	15	16	17	18	19	20	21	22	23	24	25	26	27	28	29	30	31
1	2	3	4	5	6	7	8	9	10	11	12	13	14	15	16	17	18	19	20	21	22	23	24	25	26	27	28	29	30	31
1	2	3	4	5	6	7	8	9	10	11	12	13	14	15	16	17	18	19	20	21	22	23	24	25	26	27	28	29	30	31

WINTER

1	2	3	4	5	6	7	8	9	10	11	12	13	14	15	16	17	18	19	20	21	22	23	24	25	26	27	28	29	30	31
1	2	3	4	5	6	7	8	9	10	11	12	13	14	15	16	17	18	19	20	21	22	23	24	25	26	27	28	29	30	31
1	2	3	4	5	6	7	8	9	10	11	12	13	14	15	16	17	18	19	20	21	22	23	24	25	26	27	28	29	30	31

TO DO LIST

NOTES

PLANT LOG

PLANT NAME					
BOTANICAL NAME					
TYPE					
PURCHASED AT					
PRICE					
GERMINATED DATE				IMAGE	
PLANTED DATE					
LOCATION PLANTED					
TOXICITY	PET SAFE	HUMAN SAFE			
STARTED FROM	SEED	PLANT			
TEMPERATURE	MIN	MAX			
WATER REQUIREMENTS					
HUMIDITY					
SUNLIGHT					
PLANTING INSTRUCTIONS					
CARE INSTRUCTIONS					
FERTILISER / SOIL / AMENDMENT / HERBICIDE					
TRANSPLANT / PROPAGATE / DIVIDE					
PESTS / PROBLEMS					
SEASONAL CHANGES					
COMMON ISSUES					

SEASONAL WATERING SCHEDULE

SPRING

1	2	3	4	5	6	7	8	9	10	11	12	13	14	15	16	17	18	19	20	21	22	23	24	25	26	27	28	29	30	31
1	2	3	4	5	6	7	8	9	10	11	12	13	14	15	16	17	18	19	20	21	22	23	24	25	26	27	28	29	30	31
1	2	3	4	5	6	7	8	9	10	11	12	13	14	15	16	17	18	19	20	21	22	23	24	25	26	27	28	29	30	31

SUMMER

1	2	3	4	5	6	7	8	9	10	11	12	13	14	15	16	17	18	19	20	21	22	23	24	25	26	27	28	29	30	31
1	2	3	4	5	6	7	8	9	10	11	12	13	14	15	16	17	18	19	20	21	22	23	24	25	26	27	28	29	30	31
1	2	3	4	5	6	7	8	9	10	11	12	13	14	15	16	17	18	19	20	21	22	23	24	25	26	27	28	29	30	31

AUTUMN

1	2	3	4	5	6	7	8	9	10	11	12	13	14	15	16	17	18	19	20	21	22	23	24	25	26	27	28	29	30	31
1	2	3	4	5	6	7	8	9	10	11	12	13	14	15	16	17	18	19	20	21	22	23	24	25	26	27	28	29	30	31
1	2	3	4	5	6	7	8	9	10	11	12	13	14	15	16	17	18	19	20	21	22	23	24	25	26	27	28	29	30	31

WINTER

1	2	3	4	5	6	7	8	9	10	11	12	13	14	15	16	17	18	19	20	21	22	23	24	25	26	27	28	29	30	31
1	2	3	4	5	6	7	8	9	10	11	12	13	14	15	16	17	18	19	20	21	22	23	24	25	26	27	28	29	30	31
1	2	3	4	5	6	7	8	9	10	11	12	13	14	15	16	17	18	19	20	21	22	23	24	25	26	27	28	29	30	31

TO DO LIST

NOTES

PLANT LOG

PLANT NAME			IMAGE		
BOTANICAL NAME					
TYPE					
PURCHASED AT					
PRICE					
GERMINATED DATE					
PLANTED DATE					
LOCATION PLANTED					
TOXICITY	PET SAFE	HUMAN SAFE			
STARTED FROM	SEED	PLANT			
TEMPERATURE	MIN	MAX			
WATER REQUIREMENTS					
HUMIDITY					
SUNLIGHT					
PLANTING INSTRUCTIONS					
CARE INSTRUCTIONS					
FERTILISER / SOIL / AMENDMENT / HERBICIDE					
TRANSPLANT / PROPAGATE / DIVIDE					
PESTS / PROBLEMS					
SEASONAL CHANGES					
COMMON ISSUES					

SEASONAL WATERING SCHEDULE

SPRING

1	2	3	4	5	6	7	8	9	10	11	12	13	14	15	16	17	18	19	20	21	22	23	24	25	26	27	28	29	30	31
1	2	3	4	5	6	7	8	9	10	11	12	13	14	15	16	17	18	19	20	21	22	23	24	25	26	27	28	29	30	31
1	2	3	4	5	6	7	8	9	10	11	12	13	14	15	16	17	18	19	20	21	22	23	24	25	26	27	28	29	30	31

SUMMER

1	2	3	4	5	6	7	8	9	10	11	12	13	14	15	16	17	18	19	20	21	22	23	24	25	26	27	28	29	30	31
1	2	3	4	5	6	7	8	9	10	11	12	13	14	15	16	17	18	19	20	21	22	23	24	25	26	27	28	29	30	31
1	2	3	4	5	6	7	8	9	10	11	12	13	14	15	16	17	18	19	20	21	22	23	24	25	26	27	28	29	30	31

AUTUMN

1	2	3	4	5	6	7	8	9	10	11	12	13	14	15	16	17	18	19	20	21	22	23	24	25	26	27	28	29	30	31
1	2	3	4	5	6	7	8	9	10	11	12	13	14	15	16	17	18	19	20	21	22	23	24	25	26	27	28	29	30	31
1	2	3	4	5	6	7	8	9	10	11	12	13	14	15	16	17	18	19	20	21	22	23	24	25	26	27	28	29	30	31

WINTER

1	2	3	4	5	6	7	8	9	10	11	12	13	14	15	16	17	18	19	20	21	22	23	24	25	26	27	28	29	30	31
1	2	3	4	5	6	7	8	9	10	11	12	13	14	15	16	17	18	19	20	21	22	23	24	25	26	27	28	29	30	31
1	2	3	4	5	6	7	8	9	10	11	12	13	14	15	16	17	18	19	20	21	22	23	24	25	26	27	28	29	30	31

TO DO LIST

NOTES

PLANT LOG

PLANT NAME			IMAGE		
BOTANICAL NAME					
TYPE					
PURCHASED AT					
PRICE					
GERMINATED DATE					
PLANTED DATE					
LOCATION PLANTED					
TOXICITY	PET SAFE	HUMAN SAFE			
STARTED FROM	SEED	PLANT			
TEMPERATURE	MIN	MAX			
WATER REQUIREMENTS					
HUMIDITY					
SUNLIGHT					
PLANTING INSTRUCTIONS					
CARE INSTRUCTIONS					
FERTILISER / SOIL / AMENDMENT / HERBICIDE					
TRANSPLANT / PROPAGATE / DIVIDE					
PESTS / PROBLEMS					
SEASONAL CHANGES					
COMMON ISSUES					

SEASONAL WATERING SCHEDULE

SPRING

1	2	3	4	5	6	7	8	9	10	11	12	13	14	15	16	17	18	19	20	21	22	23	24	25	26	27	28	29	30	31
1	2	3	4	5	6	7	8	9	10	11	12	13	14	15	16	17	18	19	20	21	22	23	24	25	26	27	28	29	30	31
1	2	3	4	5	6	7	8	9	10	11	12	13	14	15	16	17	18	19	20	21	22	23	24	25	26	27	28	29	30	31

SUMMER

1	2	3	4	5	6	7	8	9	10	11	12	13	14	15	16	17	18	19	20	21	22	23	24	25	26	27	28	29	30	31
1	2	3	4	5	6	7	8	9	10	11	12	13	14	15	16	17	18	19	20	21	22	23	24	25	26	27	28	29	30	31
1	2	3	4	5	6	7	8	9	10	11	12	13	14	15	16	17	18	19	20	21	22	23	24	25	26	27	28	29	30	31

AUTUMN

1	2	3	4	5	6	7	8	9	10	11	12	13	14	15	16	17	18	19	20	21	22	23	24	25	26	27	28	29	30	31
1	2	3	4	5	6	7	8	9	10	11	12	13	14	15	16	17	18	19	20	21	22	23	24	25	26	27	28	29	30	31
1	2	3	4	5	6	7	8	9	10	11	12	13	14	15	16	17	18	19	20	21	22	23	24	25	26	27	28	29	30	31

WINTER

1	2	3	4	5	6	7	8	9	10	11	12	13	14	15	16	17	18	19	20	21	22	23	24	25	26	27	28	29	30	31
1	2	3	4	5	6	7	8	9	10	11	12	13	14	15	16	17	18	19	20	21	22	23	24	25	26	27	28	29	30	31
1	2	3	4	5	6	7	8	9	10	11	12	13	14	15	16	17	18	19	20	21	22	23	24	25	26	27	28	29	30	31

TO DO LIST

NOTES

PLANT LOG

PLANT NAME			IMAGE		
BOTANICAL NAME					
TYPE					
PURCHASED AT					
PRICE					
GERMINATED DATE					
PLANTED DATE					
LOCATION PLANTED					
TOXICITY	PET SAFE	HUMAN SAFE			
STARTED FROM	SEED	PLANT			
TEMPERATURE	MIN	MAX			
WATER REQUIREMENTS	💧	💧💧	💧💧💧	💧💧💧💧	💧💧💧💧💧
HUMIDITY					
SUNLIGHT	☼	☼☼	☼☼☼	☼☼☼☼	☼☼☼☼☼
PLANTING INSTRUCTIONS					
CARE INSTRUCTIONS					
FERTILISER / SOIL / AMENDMENT / HERBICIDE					
TRANSPLANT / PROPAGATE / DIVIDE					
PESTS / PROBLEMS					
SEASONAL CHANGES					
COMMON ISSUES					

SEASONAL WATERING SCHEDULE

SPRING

1	2	3	4	5	6	7	8	9	10	11	12	13	14	15	16	17	18	19	20	21	22	23	24	25	26	27	28	29	30	31
1	2	3	4	5	6	7	8	9	10	11	12	13	14	15	16	17	18	19	20	21	22	23	24	25	26	27	28	29	30	31
1	2	3	4	5	6	7	8	9	10	11	12	13	14	15	16	17	18	19	20	21	22	23	24	25	26	27	28	29	30	31

SUMMER

1	2	3	4	5	6	7	8	9	10	11	12	13	14	15	16	17	18	19	20	21	22	23	24	25	26	27	28	29	30	31
1	2	3	4	5	6	7	8	9	10	11	12	13	14	15	16	17	18	19	20	21	22	23	24	25	26	27	28	29	30	31
1	2	3	4	5	6	7	8	9	10	11	12	13	14	15	16	17	18	19	20	21	22	23	24	25	26	27	28	29	30	31

AUTUMN

1	2	3	4	5	6	7	8	9	10	11	12	13	14	15	16	17	18	19	20	21	22	23	24	25	26	27	28	29	30	31
1	2	3	4	5	6	7	8	9	10	11	12	13	14	15	16	17	18	19	20	21	22	23	24	25	26	27	28	29	30	31
1	2	3	4	5	6	7	8	9	10	11	12	13	14	15	16	17	18	19	20	21	22	23	24	25	26	27	28	29	30	31

WINTER

1	2	3	4	5	6	7	8	9	10	11	12	13	14	15	16	17	18	19	20	21	22	23	24	25	26	27	28	29	30	31
1	2	3	4	5	6	7	8	9	10	11	12	13	14	15	16	17	18	19	20	21	22	23	24	25	26	27	28	29	30	31
1	2	3	4	5	6	7	8	9	10	11	12	13	14	15	16	17	18	19	20	21	22	23	24	25	26	27	28	29	30	31

TO DO LIST

NOTES

PLANT LOG

PLANT NAME			IMAGE		
BOTANICAL NAME					
TYPE					
PURCHASED AT					
PRICE					
GERMINATED DATE					
PLANTED DATE					
LOCATION PLANTED					
TOXICITY	PET SAFE	HUMAN SAFE			
STARTED FROM	SEED	PLANT			
TEMPERATURE	MIN	MAX			
WATER REQUIREMENTS					
HUMIDITY					
SUNLIGHT					
PLANTING INSTRUCTIONS					
CARE INSTRUCTIONS					
FERTILISER / SOIL / AMENDMENT / HERBICIDE					
TRANSPLANT / PROPAGATE / DIVIDE					
PESTS / PROBLEMS					
SEASONAL CHANGES					
COMMON ISSUES					

SEASONAL WATERING SCHEDULE

SPRING

1	2	3	4	5	6	7	8	9	10	11	12	13	14	15	16	17	18	19	20	21	22	23	24	25	26	27	28	29	30	31
1	2	3	4	5	6	7	8	9	10	11	12	13	14	15	16	17	18	19	20	21	22	23	24	25	26	27	28	29	30	31
1	2	3	4	5	6	7	8	9	10	11	12	13	14	15	16	17	18	19	20	21	22	23	24	25	26	27	28	29	30	31

SUMMER

1	2	3	4	5	6	7	8	9	10	11	12	13	14	15	16	17	18	19	20	21	22	23	24	25	26	27	28	29	30	31
1	2	3	4	5	6	7	8	9	10	11	12	13	14	15	16	17	18	19	20	21	22	23	24	25	26	27	28	29	30	31
1	2	3	4	5	6	7	8	9	10	11	12	13	14	15	16	17	18	19	20	21	22	23	24	25	26	27	28	29	30	31

AUTUMN

1	2	3	4	5	6	7	8	9	10	11	12	13	14	15	16	17	18	19	20	21	22	23	24	25	26	27	28	29	30	31
1	2	3	4	5	6	7	8	9	10	11	12	13	14	15	16	17	18	19	20	21	22	23	24	25	26	27	28	29	30	31
1	2	3	4	5	6	7	8	9	10	11	12	13	14	15	16	17	18	19	20	21	22	23	24	25	26	27	28	29	30	31

WINTER

1	2	3	4	5	6	7	8	9	10	11	12	13	14	15	16	17	18	19	20	21	22	23	24	25	26	27	28	29	30	31
1	2	3	4	5	6	7	8	9	10	11	12	13	14	15	16	17	18	19	20	21	22	23	24	25	26	27	28	29	30	31
1	2	3	4	5	6	7	8	9	10	11	12	13	14	15	16	17	18	19	20	21	22	23	24	25	26	27	28	29	30	31

TO DO LIST

NOTES

PLANT LOG

PLANT NAME			IMAGE		
BOTANICAL NAME					
TYPE					
PURCHASED AT					
PRICE					
GERMINATED DATE					
PLANTED DATE					
LOCATION PLANTED					
TOXICITY	PET SAFE	HUMAN SAFE			
STARTED FROM	SEED	PLANT			
TEMPERATURE	MIN	MAX			
WATER REQUIREMENTS					
HUMIDITY					
SUNLIGHT					
PLANTING INSTRUCTIONS					
CARE INSTRUCTIONS					
FERTILISER / SOIL / AMENDMENT / HERBICIDE					
TRANSPLANT / PROPAGATE / DIVIDE					
PESTS / PROBLEMS					
SEASONAL CHANGES					
COMMON ISSUES					

SEASONAL WATERING SCHEDULE

SPRING

1	2	3	4	5	6	7	8	9	10	11	12	13	14	15	16	17	18	19	20	21	22	23	24	25	26	27	28	29	30	31
1	2	3	4	5	6	7	8	9	10	11	12	13	14	15	16	17	18	19	20	21	22	23	24	25	26	27	28	29	30	31
1	2	3	4	5	6	7	8	9	10	11	12	13	14	15	16	17	18	19	20	21	22	23	24	25	26	27	28	29	30	31

SUMMER

1	2	3	4	5	6	7	8	9	10	11	12	13	14	15	16	17	18	19	20	21	22	23	24	25	26	27	28	29	30	31
1	2	3	4	5	6	7	8	9	10	11	12	13	14	15	16	17	18	19	20	21	22	23	24	25	26	27	28	29	30	31
1	2	3	4	5	6	7	8	9	10	11	12	13	14	15	16	17	18	19	20	21	22	23	24	25	26	27	28	29	30	31

AUTUMN

1	2	3	4	5	6	7	8	9	10	11	12	13	14	15	16	17	18	19	20	21	22	23	24	25	26	27	28	29	30	31
1	2	3	4	5	6	7	8	9	10	11	12	13	14	15	16	17	18	19	20	21	22	23	24	25	26	27	28	29	30	31
1	2	3	4	5	6	7	8	9	10	11	12	13	14	15	16	17	18	19	20	21	22	23	24	25	26	27	28	29	30	31

WINTER

1	2	3	4	5	6	7	8	9	10	11	12	13	14	15	16	17	18	19	20	21	22	23	24	25	26	27	28	29	30	31
1	2	3	4	5	6	7	8	9	10	11	12	13	14	15	16	17	18	19	20	21	22	23	24	25	26	27	28	29	30	31
1	2	3	4	5	6	7	8	9	10	11	12	13	14	15	16	17	18	19	20	21	22	23	24	25	26	27	28	29	30	31

TO DO LIST

NOTES

PLANT LOG

PLANT NAME			IMAGE		
BOTANICAL NAME					
TYPE					
PURCHASED AT					
PRICE					
GERMINATED DATE					
PLANTED DATE					
LOCATION PLANTED					
TOXICITY	PET SAFE	HUMAN SAFE			
STARTED FROM	SEED	PLANT			
TEMPERATURE	MIN	MAX			
WATER REQUIREMENTS	💧	💧💧	💧💧💧	💧💧💧💧	💧💧💧💧💧
HUMIDITY					
SUNLIGHT	☀	☀☀	☀☀☀	☀☀☀☀	☀☀☀☀☀
PLANTING INSTRUCTIONS					
CARE INSTRUCTIONS					
FERTILISER / SOIL / AMENDMENT / HERBICIDE					
TRANSPLANT / PROPAGATE / DIVIDE					
PESTS / PROBLEMS					
SEASONAL CHANGES					
COMMON ISSUES					

SEASONAL WATERING SCHEDULE

SPRING

1	2	3	4	5	6	7	8	9	10	11	12	13	14	15	16	17	18	19	20	21	22	23	24	25	26	27	28	29	30	31
1	2	3	4	5	6	7	8	9	10	11	12	13	14	15	16	17	18	19	20	21	22	23	24	25	26	27	28	29	30	31
1	2	3	4	5	6	7	8	9	10	11	12	13	14	15	16	17	18	19	20	21	22	23	24	25	26	27	28	29	30	31

SUMMER

1	2	3	4	5	6	7	8	9	10	11	12	13	14	15	16	17	18	19	20	21	22	23	24	25	26	27	28	29	30	31
1	2	3	4	5	6	7	8	9	10	11	12	13	14	15	16	17	18	19	20	21	22	23	24	25	26	27	28	29	30	31
1	2	3	4	5	6	7	8	9	10	11	12	13	14	15	16	17	18	19	20	21	22	23	24	25	26	27	28	29	30	31

AUTUMN

1	2	3	4	5	6	7	8	9	10	11	12	13	14	15	16	17	18	19	20	21	22	23	24	25	26	27	28	29	30	31
1	2	3	4	5	6	7	8	9	10	11	12	13	14	15	16	17	18	19	20	21	22	23	24	25	26	27	28	29	30	31
1	2	3	4	5	6	7	8	9	10	11	12	13	14	15	16	17	18	19	20	21	22	23	24	25	26	27	28	29	30	31

WINTER

1	2	3	4	5	6	7	8	9	10	11	12	13	14	15	16	17	18	19	20	21	22	23	24	25	26	27	28	29	30	31
1	2	3	4	5	6	7	8	9	10	11	12	13	14	15	16	17	18	19	20	21	22	23	24	25	26	27	28	29	30	31
1	2	3	4	5	6	7	8	9	10	11	12	13	14	15	16	17	18	19	20	21	22	23	24	25	26	27	28	29	30	31

TO DO LIST

NOTES

PLANT LOG

PLANT NAME			IMAGE		
BOTANICAL NAME					
TYPE					
PURCHASED AT					
PRICE					
GERMINATED DATE					
PLANTED DATE					
LOCATION PLANTED					
TOXICITY	PET SAFE	HUMAN SAFE			
STARTED FROM	SEED	PLANT			
TEMPERATURE	MIN	MAX			
WATER REQUIREMENTS					
HUMIDITY					
SUNLIGHT					
PLANTING INSTRUCTIONS					
CARE INSTRUCTIONS					
FERTILISER / SOIL / AMENDMENT / HERBICIDE					
TRANSPLANT / PROPAGATE / DIVIDE					
PESTS / PROBLEMS					
SEASONAL CHANGES					
COMMON ISSUES					

SEASONAL WATERING SCHEDULE

SPRING

1	2	3	4	5	6	7	8	9	10	11	12	13	14	15	16	17	18	19	20	21	22	23	24	25	26	27	28	29	30	31
1	2	3	4	5	6	7	8	9	10	11	12	13	14	15	16	17	18	19	20	21	22	23	24	25	26	27	28	29	30	31
1	2	3	4	5	6	7	8	9	10	11	12	13	14	15	16	17	18	19	20	21	22	23	24	25	26	27	28	29	30	31

SUMMER

1	2	3	4	5	6	7	8	9	10	11	12	13	14	15	16	17	18	19	20	21	22	23	24	25	26	27	28	29	30	31
1	2	3	4	5	6	7	8	9	10	11	12	13	14	15	16	17	18	19	20	21	22	23	24	25	26	27	28	29	30	31
1	2	3	4	5	6	7	8	9	10	11	12	13	14	15	16	17	18	19	20	21	22	23	24	25	26	27	28	29	30	31

AUTUMN

1	2	3	4	5	6	7	8	9	10	11	12	13	14	15	16	17	18	19	20	21	22	23	24	25	26	27	28	29	30	31
1	2	3	4	5	6	7	8	9	10	11	12	13	14	15	16	17	18	19	20	21	22	23	24	25	26	27	28	29	30	31
1	2	3	4	5	6	7	8	9	10	11	12	13	14	15	16	17	18	19	20	21	22	23	24	25	26	27	28	29	30	31

WINTER

1	2	3	4	5	6	7	8	9	10	11	12	13	14	15	16	17	18	19	20	21	22	23	24	25	26	27	28	29	30	31
1	2	3	4	5	6	7	8	9	10	11	12	13	14	15	16	17	18	19	20	21	22	23	24	25	26	27	28	29	30	31
1	2	3	4	5	6	7	8	9	10	11	12	13	14	15	16	17	18	19	20	21	22	23	24	25	26	27	28	29	30	31

TO DO LIST

NOTES

PLANT LOG

PLANT NAME			IMAGE		
BOTANICAL NAME					
TYPE					
PURCHASED AT					
PRICE					
GERMINATED DATE					
PLANTED DATE					
LOCATION PLANTED					
TOXICITY	PET SAFE	HUMAN SAFE			
STARTED FROM	SEED	PLANT			
TEMPERATURE	MIN	MAX			
WATER REQUIREMENTS					
HUMIDITY					
SUNLIGHT					
PLANTING INSTRUCTIONS					
CARE INSTRUCTIONS					
FERTILISER / SOIL / AMENDMENT / HERBICIDE					
TRANSPLANT / PROPAGATE / DIVIDE					
PESTS / PROBLEMS					
SEASONAL CHANGES					
COMMON ISSUES					

SEASONAL WATERING SCHEDULE

SPRING																														
1	2	3	4	5	6	7	8	9	10	11	12	13	14	15	16	17	18	19	20	21	22	23	24	25	26	27	28	29	30	31
1	2	3	4	5	6	7	8	9	10	11	12	13	14	15	16	17	18	19	20	21	22	23	24	25	26	27	28	29	30	31
1	2	3	4	5	6	7	8	9	10	11	12	13	14	15	16	17	18	19	20	21	22	23	24	25	26	27	28	29	30	31

SUMMER																														
1	2	3	4	5	6	7	8	9	10	11	12	13	14	15	16	17	18	19	20	21	22	23	24	25	26	27	28	29	30	31
1	2	3	4	5	6	7	8	9	10	11	12	13	14	15	16	17	18	19	20	21	22	23	24	25	26	27	28	29	30	31
1	2	3	4	5	6	7	8	9	10	11	12	13	14	15	16	17	18	19	20	21	22	23	24	25	26	27	28	29	30	31

AUTUMN																														
1	2	3	4	5	6	7	8	9	10	11	12	13	14	15	16	17	18	19	20	21	22	23	24	25	26	27	28	29	30	31
1	2	3	4	5	6	7	8	9	10	11	12	13	14	15	16	17	18	19	20	21	22	23	24	25	26	27	28	29	30	31
1	2	3	4	5	6	7	8	9	10	11	12	13	14	15	16	17	18	19	20	21	22	23	24	25	26	27	28	29	30	31

WINTER																														
1	2	3	4	5	6	7	8	9	10	11	12	13	14	15	16	17	18	19	20	21	22	23	24	25	26	27	28	29	30	31
1	2	3	4	5	6	7	8	9	10	11	12	13	14	15	16	17	18	19	20	21	22	23	24	25	26	27	28	29	30	31
1	2	3	4	5	6	7	8	9	10	11	12	13	14	15	16	17	18	19	20	21	22	23	24	25	26	27	28	29	30	31

TO DO LIST

NOTES

PLANT LOG

PLANT NAME			IMAGE		
BOTANICAL NAME					
TYPE					
PURCHASED AT					
PRICE					
GERMINATED DATE					
PLANTED DATE					
LOCATION PLANTED					
TOXICITY	PET SAFE	HUMAN SAFE			
STARTED FROM	SEED	PLANT			
TEMPERATURE	MIN	MAX			
WATER REQUIREMENTS					
HUMIDITY					
SUNLIGHT					
PLANTING INSTRUCTIONS					
CARE INSTRUCTIONS					
FERTILISER / SOIL / AMENDMENT / HERBICIDE					
TRANSPLANT / PROPAGATE / DIVIDE					
PESTS / PROBLEMS					
SEASONAL CHANGES					
COMMON ISSUES					

SEASONAL WATERING SCHEDULE

SPRING

1	2	3	4	5	6	7	8	9	10	11	12	13	14	15	16	17	18	19	20	21	22	23	24	25	26	27	28	29	30	31
1	2	3	4	5	6	7	8	9	10	11	12	13	14	15	16	17	18	19	20	21	22	23	24	25	26	27	28	29	30	31
1	2	3	4	5	6	7	8	9	10	11	12	13	14	15	16	17	18	19	20	21	22	23	24	25	26	27	28	29	30	31

SUMMER

1	2	3	4	5	6	7	8	9	10	11	12	13	14	15	16	17	18	19	20	21	22	23	24	25	26	27	28	29	30	31
1	2	3	4	5	6	7	8	9	10	11	12	13	14	15	16	17	18	19	20	21	22	23	24	25	26	27	28	29	30	31
1	2	3	4	5	6	7	8	9	10	11	12	13	14	15	16	17	18	19	20	21	22	23	24	25	26	27	28	29	30	31

AUTUMN

1	2	3	4	5	6	7	8	9	10	11	12	13	14	15	16	17	18	19	20	21	22	23	24	25	26	27	28	29	30	31
1	2	3	4	5	6	7	8	9	10	11	12	13	14	15	16	17	18	19	20	21	22	23	24	25	26	27	28	29	30	31
1	2	3	4	5	6	7	8	9	10	11	12	13	14	15	16	17	18	19	20	21	22	23	24	25	26	27	28	29	30	31

WINTER

1	2	3	4	5	6	7	8	9	10	11	12	13	14	15	16	17	18	19	20	21	22	23	24	25	26	27	28	29	30	31
1	2	3	4	5	6	7	8	9	10	11	12	13	14	15	16	17	18	19	20	21	22	23	24	25	26	27	28	29	30	31
1	2	3	4	5	6	7	8	9	10	11	12	13	14	15	16	17	18	19	20	21	22	23	24	25	26	27	28	29	30	31

TO DO LIST

NOTES

PLANT LOG

PLANT NAME			IMAGE		
BOTANICAL NAME					
TYPE					
PURCHASED AT					
PRICE					
GERMINATED DATE					
PLANTED DATE					
LOCATION PLANTED					
TOXICITY	PET SAFE	HUMAN SAFE			
STARTED FROM	SEED	PLANT			
TEMPERATURE	MIN	MAX			
WATER REQUIREMENTS					
HUMIDITY					
SUNLIGHT					
PLANTING INSTRUCTIONS					
CARE INSTRUCTIONS					
FERTILISER / SOIL / AMENDMENT / HERBICIDE					
TRANSPLANT / PROPAGATE / DIVIDE					
PESTS / PROBLEMS					
SEASONAL CHANGES					
COMMON ISSUES					

SEASONAL WATERING SCHEDULE

SPRING																														
1	2	3	4	5	6	7	8	9	10	11	12	13	14	15	16	17	18	19	20	21	22	23	24	25	26	27	28	29	30	31
1	2	3	4	5	6	7	8	9	10	11	12	13	14	15	16	17	18	19	20	21	22	23	24	25	26	27	28	29	30	31
1	2	3	4	5	6	7	8	9	10	11	12	13	14	15	16	17	18	19	20	21	22	23	24	25	26	27	28	29	30	31

SUMMER																														
1	2	3	4	5	6	7	8	9	10	11	12	13	14	15	16	17	18	19	20	21	22	23	24	25	26	27	28	29	30	31
1	2	3	4	5	6	7	8	9	10	11	12	13	14	15	16	17	18	19	20	21	22	23	24	25	26	27	28	29	30	31
1	2	3	4	5	6	7	8	9	10	11	12	13	14	15	16	17	18	19	20	21	22	23	24	25	26	27	28	29	30	31

AUTUMN																														
1	2	3	4	5	6	7	8	9	10	11	12	13	14	15	16	17	18	19	20	21	22	23	24	25	26	27	28	29	30	31
1	2	3	4	5	6	7	8	9	10	11	12	13	14	15	16	17	18	19	20	21	22	23	24	25	26	27	28	29	30	31
1	2	3	4	5	6	7	8	9	10	11	12	13	14	15	16	17	18	19	20	21	22	23	24	25	26	27	28	29	30	31

WINTER																														
1	2	3	4	5	6	7	8	9	10	11	12	13	14	15	16	17	18	19	20	21	22	23	24	25	26	27	28	29	30	31
1	2	3	4	5	6	7	8	9	10	11	12	13	14	15	16	17	18	19	20	21	22	23	24	25	26	27	28	29	30	31
1	2	3	4	5	6	7	8	9	10	11	12	13	14	15	16	17	18	19	20	21	22	23	24	25	26	27	28	29	30	31

TO DO LIST

NOTES

PLANT LOG

PLANT NAME			IMAGE		
BOTANICAL NAME					
TYPE					
PURCHASED AT					
PRICE					
GERMINATED DATE					
PLANTED DATE					
LOCATION PLANTED					
TOXICITY	PET SAFE	HUMAN SAFE			
STARTED FROM	SEED	PLANT			
TEMPERATURE	MIN	MAX			
WATER REQUIREMENTS					
HUMIDITY					
SUNLIGHT					
PLANTING INSTRUCTIONS					
CARE INSTRUCTIONS					
FERTILISER / SOIL / AMENDMENT / HERBICIDE					
TRANSPLANT / PROPAGATE / DIVIDE					
PESTS / PROBLEMS					
SEASONAL CHANGES					
COMMON ISSUES					

SEASONAL WATERING SCHEDULE

SPRING																														
1	2	3	4	5	6	7	8	9	10	11	12	13	14	15	16	17	18	19	20	21	22	23	24	25	26	27	28	29	30	31
1	2	3	4	5	6	7	8	9	10	11	12	13	14	15	16	17	18	19	20	21	22	23	24	25	26	27	28	29	30	31
1	2	3	4	5	6	7	8	9	10	11	12	13	14	15	16	17	18	19	20	21	22	23	24	25	26	27	28	29	30	31

SUMMER																														
1	2	3	4	5	6	7	8	9	10	11	12	13	14	15	16	17	18	19	20	21	22	23	24	25	26	27	28	29	30	31
1	2	3	4	5	6	7	8	9	10	11	12	13	14	15	16	17	18	19	20	21	22	23	24	25	26	27	28	29	30	31
1	2	3	4	5	6	7	8	9	10	11	12	13	14	15	16	17	18	19	20	21	22	23	24	25	26	27	28	29	30	31

AUTUMN																														
1	2	3	4	5	6	7	8	9	10	11	12	13	14	15	16	17	18	19	20	21	22	23	24	25	26	27	28	29	30	31
1	2	3	4	5	6	7	8	9	10	11	12	13	14	15	16	17	18	19	20	21	22	23	24	25	26	27	28	29	30	31
1	2	3	4	5	6	7	8	9	10	11	12	13	14	15	16	17	18	19	20	21	22	23	24	25	26	27	28	29	30	31

WINTER																														
1	2	3	4	5	6	7	8	9	10	11	12	13	14	15	16	17	18	19	20	21	22	23	24	25	26	27	28	29	30	31
1	2	3	4	5	6	7	8	9	10	11	12	13	14	15	16	17	18	19	20	21	22	23	24	25	26	27	28	29	30	31
1	2	3	4	5	6	7	8	9	10	11	12	13	14	15	16	17	18	19	20	21	22	23	24	25	26	27	28	29	30	31

TO DO LIST

NOTES

PLANT LOG

PLANT NAME			IMAGE		
BOTANICAL NAME					
TYPE					
PURCHASED AT					
PRICE					
GERMINATED DATE					
PLANTED DATE					
LOCATION PLANTED					
TOXICITY	PET SAFE	HUMAN SAFE			
STARTED FROM	SEED	PLANT			
TEMPERATURE	MIN	MAX			
WATER REQUIREMENTS					
HUMIDITY					
SUNLIGHT					
PLANTING INSTRUCTIONS					
CARE INSTRUCTIONS					
FERTILISER / SOIL / AMENDMENT / HERBICIDE					
TRANSPLANT / PROPAGATE / DIVIDE					
PESTS / PROBLEMS					
SEASONAL CHANGES					
COMMON ISSUES					

SEASONAL WATERING SCHEDULE

SPRING

1	2	3	4	5	6	7	8	9	10	11	12	13	14	15	16	17	18	19	20	21	22	23	24	25	26	27	28	29	30	31
1	2	3	4	5	6	7	8	9	10	11	12	13	14	15	16	17	18	19	20	21	22	23	24	25	26	27	28	29	30	31
1	2	3	4	5	6	7	8	9	10	11	12	13	14	15	16	17	18	19	20	21	22	23	24	25	26	27	28	29	30	31

SUMMER

1	2	3	4	5	6	7	8	9	10	11	12	13	14	15	16	17	18	19	20	21	22	23	24	25	26	27	28	29	30	31
1	2	3	4	5	6	7	8	9	10	11	12	13	14	15	16	17	18	19	20	21	22	23	24	25	26	27	28	29	30	31
1	2	3	4	5	6	7	8	9	10	11	12	13	14	15	16	17	18	19	20	21	22	23	24	25	26	27	28	29	30	31

AUTUMN

1	2	3	4	5	6	7	8	9	10	11	12	13	14	15	16	17	18	19	20	21	22	23	24	25	26	27	28	29	30	31
1	2	3	4	5	6	7	8	9	10	11	12	13	14	15	16	17	18	19	20	21	22	23	24	25	26	27	28	29	30	31
1	2	3	4	5	6	7	8	9	10	11	12	13	14	15	16	17	18	19	20	21	22	23	24	25	26	27	28	29	30	31

WINTER

1	2	3	4	5	6	7	8	9	10	11	12	13	14	15	16	17	18	19	20	21	22	23	24	25	26	27	28	29	30	31
1	2	3	4	5	6	7	8	9	10	11	12	13	14	15	16	17	18	19	20	21	22	23	24	25	26	27	28	29	30	31
1	2	3	4	5	6	7	8	9	10	11	12	13	14	15	16	17	18	19	20	21	22	23	24	25	26	27	28	29	30	31

TO DO LIST

NOTES

PLANT LOG

PLANT NAME			IMAGE		
BOTANICAL NAME					
TYPE					
PURCHASED AT					
PRICE					
GERMINATED DATE					
PLANTED DATE					
LOCATION PLANTED					
TOXICITY	PET SAFE	HUMAN SAFE			
STARTED FROM	SEED	PLANT			
TEMPERATURE	MIN	MAX			
WATER REQUIREMENTS	💧	💧💧	💧💧💧	💧💧💧💧	💧💧💧💧💧
HUMIDITY					
SUNLIGHT	☼	☼☼	☼☼☼	☼☼☼☼	☼☼☼☼☼
PLANTING INSTRUCTIONS					
CARE INSTRUCTIONS					
FERTILISER / SOIL / AMENDMENT / HERBICIDE					
TRANSPLANT / PROPAGATE / DIVIDE					
PESTS / PROBLEMS					
SEASONAL CHANGES					
COMMON ISSUES					

SEASONAL WATERING SCHEDULE

SPRING																														
1	2	3	4	5	6	7	8	9	10	11	12	13	14	15	16	17	18	19	20	21	22	23	24	25	26	27	28	29	30	31
1	2	3	4	5	6	7	8	9	10	11	12	13	14	15	16	17	18	19	20	21	22	23	24	25	26	27	28	29	30	31
1	2	3	4	5	6	7	8	9	10	11	12	13	14	15	16	17	18	19	20	21	22	23	24	25	26	27	28	29	30	31

SUMMER																														
1	2	3	4	5	6	7	8	9	10	11	12	13	14	15	16	17	18	19	20	21	22	23	24	25	26	27	28	29	30	31
1	2	3	4	5	6	7	8	9	10	11	12	13	14	15	16	17	18	19	20	21	22	23	24	25	26	27	28	29	30	31
1	2	3	4	5	6	7	8	9	10	11	12	13	14	15	16	17	18	19	20	21	22	23	24	25	26	27	28	29	30	31

AUTUMN																														
1	2	3	4	5	6	7	8	9	10	11	12	13	14	15	16	17	18	19	20	21	22	23	24	25	26	27	28	29	30	31
1	2	3	4	5	6	7	8	9	10	11	12	13	14	15	16	17	18	19	20	21	22	23	24	25	26	27	28	29	30	31
1	2	3	4	5	6	7	8	9	10	11	12	13	14	15	16	17	18	19	20	21	22	23	24	25	26	27	28	29	30	31

WINTER																														
1	2	3	4	5	6	7	8	9	10	11	12	13	14	15	16	17	18	19	20	21	22	23	24	25	26	27	28	29	30	31
1	2	3	4	5	6	7	8	9	10	11	12	13	14	15	16	17	18	19	20	21	22	23	24	25	26	27	28	29	30	31
1	2	3	4	5	6	7	8	9	10	11	12	13	14	15	16	17	18	19	20	21	22	23	24	25	26	27	28	29	30	31

TO DO LIST

NOTES

PLANT LOG

PLANT NAME			IMAGE		
BOTANICAL NAME					
TYPE					
PURCHASED AT					
PRICE					
GERMINATED DATE					
PLANTED DATE					
LOCATION PLANTED					
TOXICITY	PET SAFE	HUMAN SAFE			
STARTED FROM	SEED	PLANT			
TEMPERATURE	MIN	MAX			
WATER REQUIREMENTS					
HUMIDITY					
SUNLIGHT					
PLANTING INSTRUCTIONS					
CARE INSTRUCTIONS					
FERTILISER / SOIL / AMENDMENT / HERBICIDE					
TRANSPLANT / PROPAGATE / DIVIDE					
PESTS / PROBLEMS					
SEASONAL CHANGES					
COMMON ISSUES					

SEASONAL WATERING SCHEDULE

SPRING

1	2	3	4	5	6	7	8	9	10	11	12	13	14	15	16	17	18	19	20	21	22	23	24	25	26	27	28	29	30	31
1	2	3	4	5	6	7	8	9	10	11	12	13	14	15	16	17	18	19	20	21	22	23	24	25	26	27	28	29	30	31
1	2	3	4	5	6	7	8	9	10	11	12	13	14	15	16	17	18	19	20	21	22	23	24	25	26	27	28	29	30	31

SUMMER

1	2	3	4	5	6	7	8	9	10	11	12	13	14	15	16	17	18	19	20	21	22	23	24	25	26	27	28	29	30	31
1	2	3	4	5	6	7	8	9	10	11	12	13	14	15	16	17	18	19	20	21	22	23	24	25	26	27	28	29	30	31
1	2	3	4	5	6	7	8	9	10	11	12	13	14	15	16	17	18	19	20	21	22	23	24	25	26	27	28	29	30	31

AUTUMN

1	2	3	4	5	6	7	8	9	10	11	12	13	14	15	16	17	18	19	20	21	22	23	24	25	26	27	28	29	30	31
1	2	3	4	5	6	7	8	9	10	11	12	13	14	15	16	17	18	19	20	21	22	23	24	25	26	27	28	29	30	31
1	2	3	4	5	6	7	8	9	10	11	12	13	14	15	16	17	18	19	20	21	22	23	24	25	26	27	28	29	30	31

WINTER

1	2	3	4	5	6	7	8	9	10	11	12	13	14	15	16	17	18	19	20	21	22	23	24	25	26	27	28	29	30	31
1	2	3	4	5	6	7	8	9	10	11	12	13	14	15	16	17	18	19	20	21	22	23	24	25	26	27	28	29	30	31
1	2	3	4	5	6	7	8	9	10	11	12	13	14	15	16	17	18	19	20	21	22	23	24	25	26	27	28	29	30	31

TO DO LIST

NOTES

PLANT LOG

PLANT NAME			IMAGE		
BOTANICAL NAME					
TYPE					
PURCHASED AT					
PRICE					
GERMINATED DATE					
PLANTED DATE					
LOCATION PLANTED					
TOXICITY	PET SAFE	HUMAN SAFE			
STARTED FROM	SEED	PLANT			
TEMPERATURE	MIN	MAX			
WATER REQUIREMENTS					
HUMIDITY					
SUNLIGHT					
PLANTING INSTRUCTIONS					
CARE INSTRUCTIONS					
FERTILISER / SOIL / AMENDMENT / HERBICIDE					
TRANSPLANT / PROPAGATE / DIVIDE					
PESTS / PROBLEMS					
SEASONAL CHANGES					
COMMON ISSUES					

SEASONAL WATERING SCHEDULE

SPRING

1	2	3	4	5	6	7	8	9	10	11	12	13	14	15	16	17	18	19	20	21	22	23	24	25	26	27	28	29	30	31
1	2	3	4	5	6	7	8	9	10	11	12	13	14	15	16	17	18	19	20	21	22	23	24	25	26	27	28	29	30	31
1	2	3	4	5	6	7	8	9	10	11	12	13	14	15	16	17	18	19	20	21	22	23	24	25	26	27	28	29	30	31

SUMMER

1	2	3	4	5	6	7	8	9	10	11	12	13	14	15	16	17	18	19	20	21	22	23	24	25	26	27	28	29	30	31
1	2	3	4	5	6	7	8	9	10	11	12	13	14	15	16	17	18	19	20	21	22	23	24	25	26	27	28	29	30	31
1	2	3	4	5	6	7	8	9	10	11	12	13	14	15	16	17	18	19	20	21	22	23	24	25	26	27	28	29	30	31

AUTUMN

1	2	3	4	5	6	7	8	9	10	11	12	13	14	15	16	17	18	19	20	21	22	23	24	25	26	27	28	29	30	31
1	2	3	4	5	6	7	8	9	10	11	12	13	14	15	16	17	18	19	20	21	22	23	24	25	26	27	28	29	30	31
1	2	3	4	5	6	7	8	9	10	11	12	13	14	15	16	17	18	19	20	21	22	23	24	25	26	27	28	29	30	31

WINTER

1	2	3	4	5	6	7	8	9	10	11	12	13	14	15	16	17	18	19	20	21	22	23	24	25	26	27	28	29	30	31
1	2	3	4	5	6	7	8	9	10	11	12	13	14	15	16	17	18	19	20	21	22	23	24	25	26	27	28	29	30	31
1	2	3	4	5	6	7	8	9	10	11	12	13	14	15	16	17	18	19	20	21	22	23	24	25	26	27	28	29	30	31

TO DO LIST

NOTES

PLANT LOG

PLANT NAME			IMAGE		
BOTANICAL NAME					
TYPE					
PURCHASED AT					
PRICE					
GERMINATED DATE					
PLANTED DATE					
LOCATION PLANTED					
TOXICITY	PET SAFE	HUMAN SAFE			
STARTED FROM	SEED	PLANT			
TEMPERATURE	MIN	MAX			
WATER REQUIREMENTS					
HUMIDITY					
SUNLIGHT					
PLANTING INSTRUCTIONS					
CARE INSTRUCTIONS					
FERTILISER / SOIL / AMENDMENT / HERBICIDE					
TRANSPLANT / PROPAGATE / DIVIDE					
PESTS / PROBLEMS					
SEASONAL CHANGES					
COMMON ISSUES					

SEASONAL WATERING SCHEDULE

SPRING

1	2	3	4	5	6	7	8	9	10	11	12	13	14	15	16	17	18	19	20	21	22	23	24	25	26	27	28	29	30	31
1	2	3	4	5	6	7	8	9	10	11	12	13	14	15	16	17	18	19	20	21	22	23	24	25	26	27	28	29	30	31
1	2	3	4	5	6	7	8	9	10	11	12	13	14	15	16	17	18	19	20	21	22	23	24	25	26	27	28	29	30	31

SUMMER

1	2	3	4	5	6	7	8	9	10	11	12	13	14	15	16	17	18	19	20	21	22	23	24	25	26	27	28	29	30	31
1	2	3	4	5	6	7	8	9	10	11	12	13	14	15	16	17	18	19	20	21	22	23	24	25	26	27	28	29	30	31
1	2	3	4	5	6	7	8	9	10	11	12	13	14	15	16	17	18	19	20	21	22	23	24	25	26	27	28	29	30	31

AUTUMN

1	2	3	4	5	6	7	8	9	10	11	12	13	14	15	16	17	18	19	20	21	22	23	24	25	26	27	28	29	30	31
1	2	3	4	5	6	7	8	9	10	11	12	13	14	15	16	17	18	19	20	21	22	23	24	25	26	27	28	29	30	31
1	2	3	4	5	6	7	8	9	10	11	12	13	14	15	16	17	18	19	20	21	22	23	24	25	26	27	28	29	30	31

WINTER

1	2	3	4	5	6	7	8	9	10	11	12	13	14	15	16	17	18	19	20	21	22	23	24	25	26	27	28	29	30	31
1	2	3	4	5	6	7	8	9	10	11	12	13	14	15	16	17	18	19	20	21	22	23	24	25	26	27	28	29	30	31
1	2	3	4	5	6	7	8	9	10	11	12	13	14	15	16	17	18	19	20	21	22	23	24	25	26	27	28	29	30	31

TO DO LIST

NOTES

PLANT LOG

PLANT NAME			IMAGE		
BOTANICAL NAME					
TYPE					
PURCHASED AT					
PRICE					
GERMINATED DATE					
PLANTED DATE					
LOCATION PLANTED					
TOXICITY	PET SAFE	HUMAN SAFE			
STARTED FROM	SEED	PLANT			
TEMPERATURE	MIN	MAX			
WATER REQUIREMENTS	💧	💧💧	💧💧💧	💧💧💧💧	💧💧💧💧💧
HUMIDITY					
SUNLIGHT	☀	☀☀	☀☀☀	☀☀☀☀	☀☀☀☀☀
PLANTING INSTRUCTIONS					
CARE INSTRUCTIONS					
FERTILISER / SOIL / AMENDMENT / HERBICIDE					
TRANSPLANT / PROPAGATE / DIVIDE					
PESTS / PROBLEMS					
SEASONAL CHANGES					
COMMON ISSUES					

SEASONAL WATERING SCHEDULE

SPRING

1	2	3	4	5	6	7	8	9	10	11	12	13	14	15	16	17	18	19	20	21	22	23	24	25	26	27	28	29	30	31
1	2	3	4	5	6	7	8	9	10	11	12	13	14	15	16	17	18	19	20	21	22	23	24	25	26	27	28	29	30	31
1	2	3	4	5	6	7	8	9	10	11	12	13	14	15	16	17	18	19	20	21	22	23	24	25	26	27	28	29	30	31

SUMMER

1	2	3	4	5	6	7	8	9	10	11	12	13	14	15	16	17	18	19	20	21	22	23	24	25	26	27	28	29	30	31
1	2	3	4	5	6	7	8	9	10	11	12	13	14	15	16	17	18	19	20	21	22	23	24	25	26	27	28	29	30	31
1	2	3	4	5	6	7	8	9	10	11	12	13	14	15	16	17	18	19	20	21	22	23	24	25	26	27	28	29	30	31

AUTUMN

1	2	3	4	5	6	7	8	9	10	11	12	13	14	15	16	17	18	19	20	21	22	23	24	25	26	27	28	29	30	31
1	2	3	4	5	6	7	8	9	10	11	12	13	14	15	16	17	18	19	20	21	22	23	24	25	26	27	28	29	30	31
1	2	3	4	5	6	7	8	9	10	11	12	13	14	15	16	17	18	19	20	21	22	23	24	25	26	27	28	29	30	31

WINTER

1	2	3	4	5	6	7	8	9	10	11	12	13	14	15	16	17	18	19	20	21	22	23	24	25	26	27	28	29	30	31
1	2	3	4	5	6	7	8	9	10	11	12	13	14	15	16	17	18	19	20	21	22	23	24	25	26	27	28	29	30	31
1	2	3	4	5	6	7	8	9	10	11	12	13	14	15	16	17	18	19	20	21	22	23	24	25	26	27	28	29	30	31

TO DO LIST

NOTES

PLANT LOG

PLANT NAME					
BOTANICAL NAME					
TYPE					
PURCHASED AT					
PRICE					
GERMINATED DATE			IMAGE		
PLANTED DATE					
LOCATION PLANTED					
TOXICITY	PET SAFE	HUMAN SAFE			
STARTED FROM	SEED	PLANT			
TEMPERATURE	MIN	MAX			
WATER REQUIREMENTS					
HUMIDITY					
SUNLIGHT					
PLANTING INSTRUCTIONS					
CARE INSTRUCTIONS					
FERTILISER / SOIL / AMENDMENT / HERBICIDE					
TRANSPLANT / PROPAGATE / DIVIDE					
PESTS / PROBLEMS					
SEASONAL CHANGES					
COMMON ISSUES					

SEASONAL WATERING SCHEDULE

SPRING

1	2	3	4	5	6	7	8	9	10	11	12	13	14	15	16	17	18	19	20	21	22	23	24	25	26	27	28	29	30	31
1	2	3	4	5	6	7	8	9	10	11	12	13	14	15	16	17	18	19	20	21	22	23	24	25	26	27	28	29	30	31
1	2	3	4	5	6	7	8	9	10	11	12	13	14	15	16	17	18	19	20	21	22	23	24	25	26	27	28	29	30	31

SUMMER

1	2	3	4	5	6	7	8	9	10	11	12	13	14	15	16	17	18	19	20	21	22	23	24	25	26	27	28	29	30	31
1	2	3	4	5	6	7	8	9	10	11	12	13	14	15	16	17	18	19	20	21	22	23	24	25	26	27	28	29	30	31
1	2	3	4	5	6	7	8	9	10	11	12	13	14	15	16	17	18	19	20	21	22	23	24	25	26	27	28	29	30	31

AUTUMN

1	2	3	4	5	6	7	8	9	10	11	12	13	14	15	16	17	18	19	20	21	22	23	24	25	26	27	28	29	30	31
1	2	3	4	5	6	7	8	9	10	11	12	13	14	15	16	17	18	19	20	21	22	23	24	25	26	27	28	29	30	31
1	2	3	4	5	6	7	8	9	10	11	12	13	14	15	16	17	18	19	20	21	22	23	24	25	26	27	28	29	30	31

WINTER

1	2	3	4	5	6	7	8	9	10	11	12	13	14	15	16	17	18	19	20	21	22	23	24	25	26	27	28	29	30	31
1	2	3	4	5	6	7	8	9	10	11	12	13	14	15	16	17	18	19	20	21	22	23	24	25	26	27	28	29	30	31
1	2	3	4	5	6	7	8	9	10	11	12	13	14	15	16	17	18	19	20	21	22	23	24	25	26	27	28	29	30	31

TO DO LIST

NOTES

PLANT LOG

PLANT NAME			IMAGE		
BOTANICAL NAME					
TYPE					
PURCHASED AT					
PRICE					
GERMINATED DATE					
PLANTED DATE					
LOCATION PLANTED					
TOXICITY	PET SAFE	HUMAN SAFE			
STARTED FROM	SEED	PLANT			
TEMPERATURE	MIN	MAX			
WATER REQUIREMENTS					
HUMIDITY					
SUNLIGHT					
PLANTING INSTRUCTIONS					
CARE INSTRUCTIONS					
FERTILISER / SOIL / AMENDMENT / HERBICIDE					
TRANSPLANT / PROPAGATE / DIVIDE					
PESTS / PROBLEMS					
SEASONAL CHANGES					
COMMON ISSUES					

SEASONAL WATERING SCHEDULE

SPRING

1	2	3	4	5	6	7	8	9	10	11	12	13	14	15	16	17	18	19	20	21	22	23	24	25	26	27	28	29	30	31
1	2	3	4	5	6	7	8	9	10	11	12	13	14	15	16	17	18	19	20	21	22	23	24	25	26	27	28	29	30	31
1	2	3	4	5	6	7	8	9	10	11	12	13	14	15	16	17	18	19	20	21	22	23	24	25	26	27	28	29	30	31

SUMMER

1	2	3	4	5	6	7	8	9	10	11	12	13	14	15	16	17	18	19	20	21	22	23	24	25	26	27	28	29	30	31
1	2	3	4	5	6	7	8	9	10	11	12	13	14	15	16	17	18	19	20	21	22	23	24	25	26	27	28	29	30	31
1	2	3	4	5	6	7	8	9	10	11	12	13	14	15	16	17	18	19	20	21	22	23	24	25	26	27	28	29	30	31

AUTUMN

1	2	3	4	5	6	7	8	9	10	11	12	13	14	15	16	17	18	19	20	21	22	23	24	25	26	27	28	29	30	31
1	2	3	4	5	6	7	8	9	10	11	12	13	14	15	16	17	18	19	20	21	22	23	24	25	26	27	28	29	30	31
1	2	3	4	5	6	7	8	9	10	11	12	13	14	15	16	17	18	19	20	21	22	23	24	25	26	27	28	29	30	31

WINTER

1	2	3	4	5	6	7	8	9	10	11	12	13	14	15	16	17	18	19	20	21	22	23	24	25	26	27	28	29	30	31
1	2	3	4	5	6	7	8	9	10	11	12	13	14	15	16	17	18	19	20	21	22	23	24	25	26	27	28	29	30	31
1	2	3	4	5	6	7	8	9	10	11	12	13	14	15	16	17	18	19	20	21	22	23	24	25	26	27	28	29	30	31

TO DO LIST

NOTES

PLANT LOG

PLANT NAME					
BOTANICAL NAME					
TYPE					
PURCHASED AT					
PRICE					
GERMINATED DATE				IMAGE	
PLANTED DATE					
LOCATION PLANTED					
TOXICITY	PET SAFE	HUMAN SAFE			
STARTED FROM	SEED	PLANT			
TEMPERATURE	MIN	MAX			
WATER REQUIREMENTS					
HUMIDITY					
SUNLIGHT					
PLANTING INSTRUCTIONS					
CARE INSTRUCTIONS					
FERTILISER / SOIL / AMENDMENT / HERBICIDE					
TRANSPLANT / PROPAGATE / DIVIDE					
PESTS / PROBLEMS					
SEASONAL CHANGES					
COMMON ISSUES					

SEASONAL WATERING SCHEDULE

SPRING

1	2	3	4	5	6	7	8	9	10	11	12	13	14	15	16	17	18	19	20	21	22	23	24	25	26	27	28	29	30	31
1	2	3	4	5	6	7	8	9	10	11	12	13	14	15	16	17	18	19	20	21	22	23	24	25	26	27	28	29	30	31
1	2	3	4	5	6	7	8	9	10	11	12	13	14	15	16	17	18	19	20	21	22	23	24	25	26	27	28	29	30	31

SUMMER

1	2	3	4	5	6	7	8	9	10	11	12	13	14	15	16	17	18	19	20	21	22	23	24	25	26	27	28	29	30	31
1	2	3	4	5	6	7	8	9	10	11	12	13	14	15	16	17	18	19	20	21	22	23	24	25	26	27	28	29	30	31
1	2	3	4	5	6	7	8	9	10	11	12	13	14	15	16	17	18	19	20	21	22	23	24	25	26	27	28	29	30	31

AUTUMN

1	2	3	4	5	6	7	8	9	10	11	12	13	14	15	16	17	18	19	20	21	22	23	24	25	26	27	28	29	30	31
1	2	3	4	5	6	7	8	9	10	11	12	13	14	15	16	17	18	19	20	21	22	23	24	25	26	27	28	29	30	31
1	2	3	4	5	6	7	8	9	10	11	12	13	14	15	16	17	18	19	20	21	22	23	24	25	26	27	28	29	30	31

WINTER

1	2	3	4	5	6	7	8	9	10	11	12	13	14	15	16	17	18	19	20	21	22	23	24	25	26	27	28	29	30	31
1	2	3	4	5	6	7	8	9	10	11	12	13	14	15	16	17	18	19	20	21	22	23	24	25	26	27	28	29	30	31
1	2	3	4	5	6	7	8	9	10	11	12	13	14	15	16	17	18	19	20	21	22	23	24	25	26	27	28	29	30	31

TO DO LIST

NOTES

PLANT LOG

PLANT NAME			IMAGE		
BOTANICAL NAME					
TYPE					
PURCHASED AT					
PRICE					
GERMINATED DATE					
PLANTED DATE					
LOCATION PLANTED					
TOXICITY	PET SAFE	HUMAN SAFE			
STARTED FROM	SEED	PLANT			
TEMPERATURE	MIN	MAX			
WATER REQUIREMENTS	💧	💧💧	💧💧💧	💧💧💧💧	💧💧💧💧💧
HUMIDITY					
SUNLIGHT	☼	☼☼	☼☼☼	☼☼☼☼	☼☼☼☼☼
PLANTING INSTRUCTIONS					
CARE INSTRUCTIONS					
FERTILISER / SOIL / AMENDMENT / HERBICIDE					
TRANSPLANT / PROPAGATE / DIVIDE					
PESTS / PROBLEMS					
SEASONAL CHANGES					
COMMON ISSUES					

SEASONAL WATERING SCHEDULE

SPRING																														
1	2	3	4	5	6	7	8	9	10	11	12	13	14	15	16	17	18	19	20	21	22	23	24	25	26	27	28	29	30	31
1	2	3	4	5	6	7	8	9	10	11	12	13	14	15	16	17	18	19	20	21	22	23	24	25	26	27	28	29	30	31
1	2	3	4	5	6	7	8	9	10	11	12	13	14	15	16	17	18	19	20	21	22	23	24	25	26	27	28	29	30	31

SUMMER																														
1	2	3	4	5	6	7	8	9	10	11	12	13	14	15	16	17	18	19	20	21	22	23	24	25	26	27	28	29	30	31
1	2	3	4	5	6	7	8	9	10	11	12	13	14	15	16	17	18	19	20	21	22	23	24	25	26	27	28	29	30	31
1	2	3	4	5	6	7	8	9	10	11	12	13	14	15	16	17	18	19	20	21	22	23	24	25	26	27	28	29	30	31

AUTUMN																														
1	2	3	4	5	6	7	8	9	10	11	12	13	14	15	16	17	18	19	20	21	22	23	24	25	26	27	28	29	30	31
1	2	3	4	5	6	7	8	9	10	11	12	13	14	15	16	17	18	19	20	21	22	23	24	25	26	27	28	29	30	31
1	2	3	4	5	6	7	8	9	10	11	12	13	14	15	16	17	18	19	20	21	22	23	24	25	26	27	28	29	30	31

WINTER																														
1	2	3	4	5	6	7	8	9	10	11	12	13	14	15	16	17	18	19	20	21	22	23	24	25	26	27	28	29	30	31
1	2	3	4	5	6	7	8	9	10	11	12	13	14	15	16	17	18	19	20	21	22	23	24	25	26	27	28	29	30	31
1	2	3	4	5	6	7	8	9	10	11	12	13	14	15	16	17	18	19	20	21	22	23	24	25	26	27	28	29	30	31

TO DO LIST

NOTES

PLANT LOG

PLANT NAME			IMAGE		
BOTANICAL NAME					
TYPE					
PURCHASED AT					
PRICE					
GERMINATED DATE					
PLANTED DATE					
LOCATION PLANTED					
TOXICITY	PET SAFE	HUMAN SAFE			
STARTED FROM	SEED	PLANT			
TEMPERATURE	MIN	MAX			
WATER REQUIREMENTS	💧	💧💧	💧💧💧	💧💧💧💧	💧💧💧💧💧
HUMIDITY					
SUNLIGHT	☼	☼☼	☼☼☼	☼☼☼☼	☼☼☼☼☼
PLANTING INSTRUCTIONS					
CARE INSTRUCTIONS					
FERTILISER / SOIL / AMENDMENT / HERBICIDE					
TRANSPLANT / PROPAGATE / DIVIDE					
PESTS / PROBLEMS					
SEASONAL CHANGES					
COMMON ISSUES					

SEASONAL WATERING SCHEDULE

SPRING																														
1	2	3	4	5	6	7	8	9	10	11	12	13	14	15	16	17	18	19	20	21	22	23	24	25	26	27	28	29	30	31
1	2	3	4	5	6	7	8	9	10	11	12	13	14	15	16	17	18	19	20	21	22	23	24	25	26	27	28	29	30	31
1	2	3	4	5	6	7	8	9	10	11	12	13	14	15	16	17	18	19	20	21	22	23	24	25	26	27	28	29	30	31

SUMMER																														
1	2	3	4	5	6	7	8	9	10	11	12	13	14	15	16	17	18	19	20	21	22	23	24	25	26	27	28	29	30	31
1	2	3	4	5	6	7	8	9	10	11	12	13	14	15	16	17	18	19	20	21	22	23	24	25	26	27	28	29	30	31
1	2	3	4	5	6	7	8	9	10	11	12	13	14	15	16	17	18	19	20	21	22	23	24	25	26	27	28	29	30	31

AUTUMN																														
1	2	3	4	5	6	7	8	9	10	11	12	13	14	15	16	17	18	19	20	21	22	23	24	25	26	27	28	29	30	31
1	2	3	4	5	6	7	8	9	10	11	12	13	14	15	16	17	18	19	20	21	22	23	24	25	26	27	28	29	30	31
1	2	3	4	5	6	7	8	9	10	11	12	13	14	15	16	17	18	19	20	21	22	23	24	25	26	27	28	29	30	31

WINTER																														
1	2	3	4	5	6	7	8	9	10	11	12	13	14	15	16	17	18	19	20	21	22	23	24	25	26	27	28	29	30	31
1	2	3	4	5	6	7	8	9	10	11	12	13	14	15	16	17	18	19	20	21	22	23	24	25	26	27	28	29	30	31
1	2	3	4	5	6	7	8	9	10	11	12	13	14	15	16	17	18	19	20	21	22	23	24	25	26	27	28	29	30	31

TO DO LIST

NOTES

WATER O
FEED X
REPOT I

MONTHLY CARE PLAN

JAN - FEB - MAR - APR - MAY - JUN
JUL - AUG - SEP - OCT - NOV - DEC

PLANT NAME	1	2	3	4	5	6	7	8	9	10	11	12	13	14	15	16	17	18	19	20	21	22	23	24	25	26	27	28	29	30	31

MONTHLY CARE PLAN

WATER O
FEED X
REPOT I

JAN - FEB - MAR - APR - MAY - JUN
JUL - AUG - SEP - OCT - NOV - DEC

PLANT NAME	1	2	3	4	5	6	7	8	9	10	11	12	13	14	15	16	17	18	19	20	21	22	23	24	25	26	27	28	29	30	31

WATER O
FEED X
REPOT I

MONTHLY CARE PLAN

JAN - FEB - MAR - APR - MAY - JUN
JUL - AUG - SEP - OCT - NOV - DEC

PLANT NAME	1	2	3	4	5	6	7	8	9	10	11	12	13	14	15	16	17	18	19	20	21	22	23	24	25	26	27	28	29	30	31

MONTHLY CARE PLAN

WATER O
FEED X
REPOT I

JAN - FEB - MAR - APR - MAY - JUN
JUL - AUG - SEP - OCT - NOV - DEC

PLANT NAME	1	2	3	4	5	6	7	8	9	10	11	12	13	14	15	16	17	18	19	20	21	22	23	24	25	26	27	28	29	30	31

WATER O
FEED X
REPOT I

MONTHLY CARE PLAN

JAN - FEB - MAR - APR - MAY - JUN
JUL - AUG - SEP - OCT - NOV - DEC

PLANT NAME	1	2	3	4	5	6	7	8	9	10	11	12	13	14	15	16	17	18	19	20	21	22	23	24	25	26	27	28	29	30	31

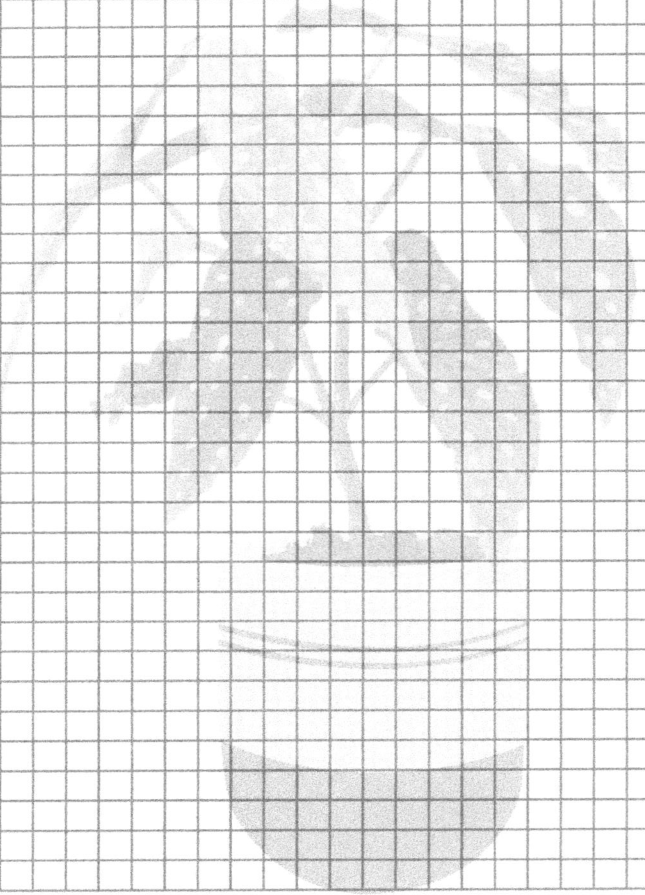

MONTHLY CARE PLAN

WATER O
FEED X
REPOT I

JAN - FEB - MAR - APR - MAY - JUN
JUL - AUG - SEP - OCT - NOV - DEC

PLANT NAME	1	2	3	4	5	6	7	8	9	10	11	12	13	14	15	16	17	18	19	20	21	22	23	24	25	26	27	28	29	30	31

WATER O
FEED X
REPOT I

MONTHLY CARE PLAN

JAN - FEB - MAR - APR - MAY - JUN
JUL - AUG - SEP - OCT - NOV - DEC

PLANT NAME	1	2	3	4	5	6	7	8	9	10	11	12	13	14	15	16	17	18	19	20	21	22	23	24	25	26	27	28	29	30	31

MONTHLY CARE PLAN

WATER O
FEED X
REPOT I

JAN - FEB - MAR - APR - MAY - JUN
JUL - AUG - SEP - OCT - NOV - DEC

PLANT NAME	1	2	3	4	5	6	7	8	9	10	11	12	13	14	15	16	17	18	19	20	21	22	23	24	25	26	27	28	29	30	31

WATER O
FEED X
REPOT I

MONTHLY CARE PLAN

JAN - FEB - MAR - APR - MAY - JUN
JUL - AUG - SEP - OCT - NOV - DEC

PLANT NAME	1	2	3	4	5	6	7	8	9	10	11	12	13	14	15	16	17	18	19	20	21	22	23	24	25	26	27	28	29	30	31

MONTHLY CARE PLAN

WATER O
FEED X
REPOT I

JAN - FEB - MAR - APR - MAY - JUN
JUL - AUG - SEP - OCT - NOV - DEC

PLANT NAME	1	2	3	4	5	6	7	8	9	10	11	12	13	14	15	16	17	18	19	20	21	22	23	24	25	26	27	28	29	30	31

WATER O
FEED X
REPOT I

MONTHLY CARE PLAN

JAN - FEB - MAR - APR - MAY - JUN
JUL - AUG - SEP - OCT - NOV - DEC

PLANT NAME	1	2	3	4	5	6	7	8	9	10	11	12	13	14	15	16	17	18	19	20	21	22	23	24	25	26	27	28	29	30	31

WATER O
FEED X
REPOT I

MONTHLY CARE PLAN

JAN - FEB - MAR - APR - MAY - JUN
JUL - AUG - SEP - OCT - NOV - DEC

PLANT NAME	1	2	3	4	5	6	7	8	9	10	11	12	13	14	15	16	17	18	19	20	21	22	23	24	25	26	27	28	29	30	31

Printed in the USA
CPSIA information can be obtained
at www.ICGtesting.com
CBHW060808190924
14665CB00047B/841

9 781913 871666